MATERIALIEN ZUR GEMEINDEARBEIT

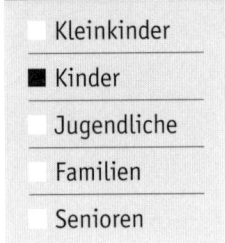

Kleinkinder

■ Kinder

Jugendliche

Familien

Senioren

Die Deutsche Bibliothek – CIP-Einheitsaufnahme

Ein Titeldatensatz für diese Publikation ist bei
Der Deutschen Bibliothek erhältlich.

© 2003 Verlag Junge Gemeinde, Leinfelden-Echterdingen
und Verlag Katholisches Bibelwerk GmbH, Stuttgart
1. Auflage
Umschlag, Typografie und Herstellung:
Dieter Kani, Stuttgart
Titelfoto: Hans Lachmann, Monheim
Illustrationen: Dorothea Layer-Stahl
Druck und Bindearbeiten:
Buch- und Offsdetdruckerei Paul Schürrle, Stuttgart

ISBN 3-460-25004-6 (Verlag Kath. Bibelwerk)
ISBN 3-7797-0399-8 (Verlag Junge Gemeinde)

Pia Biehl/Alma Grüßhaber (Hrsg.)

Gott baut ein Haus, das lebt

Feste und Aktionstage für Kinder und Familien

Verlag
Junge Gemeinde

Verlag
Katholisches Bibelwerk

Inhalt

Verzeichnis der Lieder

(Genannt sind hier nur die Lieder, die in diesem Buch abgedruckt sind, nicht aber jene, auf die nur verwiesen wird.)

Abkürzungen der angegebenen Liederbücher

EG   Evangelisches Gesangbuch

LJ   Liederbuch für die Jugend, Quell/Gütersloher Verlagshaus, Gütersloh

SL   Schwerter Liederbuch »Singt dem Herrn«, Verlag BDKJ, Paderborn

Vorwort

Ein neues geistliches Lied beginnt mit der Liedzeile: »Gott baut ein Haus, das lebt ...«. Es erzählt von einem lebendigen Haus Kirche, das aus vielen bunten Steinen gebaut ist.

Lebendige Gemeinden beziehen ihre Vielfarbigkeit und ihr Leben aus der Unterschiedlichkeit derer, die mitmachen. Ob Alte, Junge, Große oder Kleine: Die Erfahrung der Älteren, gepaart mit den Ideen und dem Schwung der Jüngeren, sichern die Zukunft unserer Gemeinden und damit die Zukunft unserer Kirche.

Der vorliegende Band aus der Reihe »Materialien zur Gemeindearbeit« lädt ein, die Kinder und ihre Familien als einen bunten und lebendigen Stein im großen Haus der Gemeinde in den Blick zu nehmen.

▷ **Kinderaktionstage** laden die Kinder ein, sich und ihre Lebenswirklichkeit einmal anders wahr zu nehmen. Vieles wird angeboten auf dem »Jahrmarkt des Glücks«! Die Kinder bekommen die Chance herauszufinden, ob das wirklich alles Dinge sind, die glücklich machen?

   Sie machen sich auf die Suche und finden einen ganz besonderen Schatz. Spannend ist sicher auch der Ausflug in eine andere Kultur, vor allem, wenn man ganz hinein genommen wird in das Geschehen, wie bei der Feier des jüdischen Laubhüttenfestes.

▷ **Familienfeste** wollen gut vorbereitet sein, besonders, wenn es sich um große Ereignisse im Familien- und Gemeindeleben handelt, etwa der Feier der Erstkommunion oder der Konfirmation. Wenn Tipps, Anregungen und Ideen für ein solches Fest im Rahmen eines Familientages ausgetauscht werden können, ist der Gewinn erfahrungsgemäß für alle besonders groß.

   Darüber hinaus bekommen Eltern mit kleineren Kindern Anregungen für die Gestaltung der Advents- und Weihnachtszeit in der Familie.

▷ **Familienaktionstage** bieten Spiel und Spaß für die ganze Familie. Ob beim Kräftemessen im Rahmen einer »Jux-Olympiade« oder auf Erkundungstour bei einer »Gemeinderallye«.

   Einen etwas anderen Gottesdienst für die ganze Familie bietet »Der Doppelpunkt«.

Alle Angebote sind aus der Gemeindepraxis für die Praxis und bieten eine Fülle an Material für die Umsetzung in der Gemeinde. Wir hoffen, dass das vorliegende Buch Anregungen für viele Gemeinden enthält, damit Kinder und Familien als ein bunter und lebendiger Stein das große Haus Kirchengemeinde mittragen können.

Pia Biehl, Alma Grüßhaber

Kinderaktionstage

Jahrmarkt des Glücks

Ein bunter Aktionstag mit Kindern von 6–12 Jahren

Wolfgang Hofheinz, Pia Biehl

*Diese Veranstaltung wurde in der Evangelischen Kirchengemeinde Klafeld als Nachmittags-
veranstaltung (15– ca. 18 Uhr) geplant und durchgeführt. Eingeladen wurden Kinder im
Grundschulalter, durchschnittliche Teilnehmerzahl: 40 Kinder.*
*Geworben wurde mit Plakaten und Flyer in der Gemeinde, in Kindergruppen, im Kindergot-
tesdienst und in den benachbarten Grundschulen.*
Die 8–10 Mitarbeiter kommen aus dem Ehrenamt, Bereich Kinderarbeit in der Gemeinde.
*Es gab 3–4 Vortreffen zur inhaltlichen Gestaltung und 1 Treffen zur Vorbereitung der
Gruppenräume.*

Zum Thema

Die Kinder und das Glück

Kinder sind eine beliebte Zielgruppe auf dem Markt. Sie werden umworben
und geworben von Geschäfte-, Fernseh- und Zeitungsmachern, die ihnen die
Welt der Erwachsenen scheinbar kindgerecht verkaufen.
Kinder sind empfänglich für das, was ihnen versprochen wird als *das Glück
auf Erden.* Wünsche werden geweckt und verdichten sich in dem Bedürfnis,
alles haben zu wollen, was der große Warenkorb ihnen bietet.
Das Glück scheint mit Händen greifbar und ohne Weiteres machbar zu sein.
Aber lässt es sich wirklich fassen? Steckt für kleine und große Leute in dem
Wörtchen Glück nicht viel mehr als das, was uns die Werbung weismachen
will?
Demgegenüber steht ein Grundverständnis von Glück, das wir bei der
Durchführung dieses Kindertages ernst nehmen wollen: *Alles, was mir und
anderen gut tut und nicht schadet,* ist Ausdruck für Glück und glücklich sein.
Der *Jahrmarkt des Glücks* ist ein Versuch, dieses Grundverständnis mit der
Erfahrenswelt der Kinder zu verknüpfen und es für sie erlebbar zu machen.

— Kinder erleben Marktstände, die all das anbieten, was ein glückliches
Leben verspricht.
— Kinder bekommen die Möglichkeit geboten, selbst herauszufinden, was
ihnen gut tut oder was ihnen schadet.
— Kinder werden mit Marktschreiern konfrontiert und haben die Möglichkeit,
mit Zustimmung oder Ablehnung zu reagieren.
— Kinder und Mitarbeiter können sich in einer Gruppenrunde austauschen
und so die Erlebnisse verarbeiten.
— Im Schlussteil begegnen Kinder der Samariterin am Brunnen, die Glück
aus ihrer Sicht beschreibt und zu neuen Erfahrungen einlädt, mit sich
selbst, mit anderen und mit Gott.

Verlauf

- **Begrüßung**

- **Lied:** »Wenn ich glücklich bin« (Seite 21)

- **Gebet**

- **Einstimmung ins Thema mit Erzählimpuls:**
  Wer weiß, was Kinder glücklich macht?

- **Vorstellen des Marktplatzes:** Der Brunnen erzählt

- **Eröffnen der Marktstände**

- *Jahrmarkt des Glücks – die etwas anderen Angebote:*

  — Zeige nicht, wer du bist – verstecke dein Gesicht / Masken
  — Zeig dich mit Gefühl / Gefühlsparcour
  — Laut ist gut und leise doof / »Ramba-Zamba-Lärmstand«
  — Find-ich-gut-Sätze
  — Wünsch dir was
  — Ich schenk dir was
  — Nur Gewinner können wirklich glücklich sein
  — Hände
  — Wegsehen, bloß nicht hinsehen
  — Zeitverkäuferin
  — Träumer

- **Schließen der Markstände**

- **Lied:** »Wer sehen will, braucht Augen« (Seite 22)

- **Gruppenbildung mit Glückssymbolen / Gruppenarbeit**

- **Plenum:** Treffpunkt Marktplatz
  (Die Kinder versammeln sich wieder um den Brunnen)

- **Lied:** »Wasser ist Leben« (Seite 23)

- **Begegnung mit der Samariterin am Brunnen**

- **Aktionen / Lieder / Essen und Trinken**

- **Ausklang**

- **Lied:** »Wer sich auf Gott verlässt« (Seite 20)

- **Sendung / Segen**

■ Was wird gebraucht?

▶ **Einladung mit Anmeldung**
Vorschlag Seite 25

▶ **Liedzettel**
Liedvorschläge Seite 20–24

▶ **Mitarbeiter/-innen**
Als Marktschreier und als Leiter für die Gruppenarbeit.

▶ Räumlichkeiten
Ein großer Raum / Saal oder Freigelände als Marktplatz, mehrere kleinere Räume für die Gruppenarbeit.

▶ Brunnen
Dazu wird ein Drahtgeflecht mit grauem Papier umspannt, auf das Steine aufgemalt werden. Auf die Oberfläche wird ein blaues »Wassertuch« gespannt. Größe des Brunnens: Durchmesser ca. 1 m, Höhe 50–80 cm. Der Brunnen steht im Zentrum des »Marktplatzes«.

▶ Marktstände
Dazu werden Tische mit großen bunten Tüchern abgedeckt. Wenn genügend Platz vorhanden ist, können Rückwände angebracht werden oder z.B. im Außengelände Gartenpavillons als Marktstände eingerichtet werden. Die Stände werden mit Werbeschildern ausgestattet, damit klar ist, was am jeweiligen Stand angeboten wird.

▶ Material und Themen für die einzelnen Stände

▷ *Zeige nicht, wer du bist – verstecke dein Gesicht / Masken*
An diesem Stand wird die Überzeugung vertreten, dass es besser ist, sich hinter einer Maske zu verstecken. So sieht zum Beispiel niemand, wenn man traurig ist. Oder: Man kann andere hinter einer Maske auslachen, ohne dass sie es merken.
Der Marktschreier macht es vor, setzt sich eine Pantomimenmaske auf. Die Kinder probieren es mit Pappmasken aus oder werden eingeladen, selber Masken zu bemalen, die sie mitnehmen. Wer fröhlich ist, ist in!?!

— Masken selber herstellen aus weißer Pappe mit Gummikordel
— Fertigmasken zum Gestalten
— Neutralmasken (auch für Pantomime geeignet)
— Stifte

▷ *Zeig dich mit Gefühl / Gefühlsparcour*
Auf dem Boden sind mit Klebeband unterschiedliche Stimmungsfelder markiert (wütend, ängstlich, fröhlich ...). Die Kinder werden vom Standbetreuer eingeladen, die Felder zu betreten, sich in die jeweiligen Stimmungen einzufühlen und diese in Mimik und Gestik deutlich zu machen.

— Klebeband zum Abkleben der Felder
— Die Felder sind mit den entsprechenden Stimmungen beschriftet.
— Im Freien können die Felder mit Kreide aufgemalt und markiert werden.

▷ *Laut ist gut und leise doof / »Ramba-Zamba-Lärm-Stand«*
Nach dem Motto »je lauter, je lieber« werden die Kinder eingeladen, nach Herzenslust Krach zu schlagen! Der Standbetreuer treibt zum Krach an. Wie lange hat er Erfolg damit?

— CD-Spieler mit »harter Musik«
— Klangkörper aller Art wie Töpfe, Fässer, Trommeln, die alle gleichzeitig bearbeitet werden.
— Megaphon für laute Werbesprüche und zum »Asnheizen«
— Orffsche Instrumente

▷ *Find-ich-gut-Sätze*

An diesem Stand gibt es Sätze zum Aussuchen und Mitnehmen. Solche Sätze könnten lauten: »Jungen weinen nicht!«, »Der Stärkere hat Recht!«, »Wer nicht fragt, bleibt dumm!«, »Glücklich sind, die Frieden stiften!«, »Der Klügere gibt nach!« ...

Jedes Kind kann den Satz, den es gut findet, vom Stand mitnehmen.

— Karten in ausreichender Anzahl mit entsprechenden »Find-ich-gut-Sätzen«

▷ *Wünsch dir was!*

An diesem Stand sind jede Menge Werbebilder und Konsumgüter aller Art zu besichtigen. Hier können die Kinder Wünsche für einen Wunschzettel aussuchen, den sie mitnehmen. Welche Wünsche werden sichtbar? Welche Dinge werden notiert?

— Werbebilder aus Zeitschriften / Werbeposter
— Konsumgüter, die ein Kinderherz begehrt
— Wunschzettel und Stifte
— Ein »Mitgebsel« als Glücksbringer, damit die Wünsche wahr werden.

▷ *Ich schenk dir was – an einen Menschen denken und schenken*

An diesem Stand werden kleine Geschenke verteilt; einfach nur, um eine kleine Freude zu bereiten. Dieser Stand ist eher unauffällig, der Standbetreuer braucht nicht laut auf sich aufmerksam zu machen.

— Nette Kleinigkeiten, die als Geschenk verpackt sind (Murmeln, Schmucksteine, Papierblumen, bemalte Holzbuttons).

▷ *Glücksspiel – Nur Gewinner können wirklich glücklich sein*

Ein Spielstand ist vorbereitet für ein Glücksspiel mit einfacher Spielregel, das als Wettbewerb angeboten wird. Z.B.:

— Ringe über farbige Styroporkegel werfen.
— Flohhüpf-Torwand (In einen kleineren Karton Löcher schneiden. Mit einem Flohhüpfspiel versuchen, wie bei einer Torwand, die Löcher zu treffen.)
— Siegerurkunde zum Mitnehmen

▷ *Hände*

An diesem Stand macht der Standbetreuer den Kindern bewusst, was sie alles mit ihren Händen tun können. Es werden verschiedene Varianten angeboten und ausprobiert.
Beispiele:

— Hände in den Schoß legen als optimale Haltung, mit der man helfen und zupacken vermeiden kann.
— Hände zu Fäusten ballen, um zu zeigen, dass man richtig wütend ist und am liebsten draufhauen würde.
— Geöffnete Hände als Zeichen dafür, dass ich offen bin, etwas anzunehmen.
— Sich die Hände zu reichen kann ausdrücken: Ich bin da. Komm, ich helfe dir.

▷ *Wegsehen, bloß nicht hinsehen*

Dieser Marktstand besteht aus zwei großen Plakatwänden. Auf einer sind Bilder von Menschen, Situationen und Schlagzeilen zu sehen, die als unangenehm empfunden werden. Die gegenüberliegende Plakatwand zeigt fröhliche, farbenfrohe, positive Bilder.

Ziel ist es, dass sich die Augen der Betrachter von den Negativbildern weg zu den schönen Bildern hin orientieren, dass sie dem Unangenehmen den Rücken zukehren.

— Zwei Plakatwände / Stellwände werden vis a vis aufgestellt.
— Bilder / Schlagzeilen werden aus Zeitungen ausgeschnitten und auf die Wände geheftet.

▷ *Zeitverkäufer/-in*

Über den Marktplatz schlendert ein(e) Zeitverkäufer/-in mit einem Bauchladen voller Papier-Uhren mit stereotypen Wortwiederholungen: »Spielzeit, Lernzeit, Freizeit, Fernsehzeit, Computerzeit, Sportzeit ...«

Sie verteilt Papieruhren und spricht die Kinder an: »Es ist nicht gut, Zeit übrig zu haben! Die Stunden am Tag sollen immer genutzt werden für Aktion. Bloß keine Ruhe und keine Pause! Sonst versäumst du was oder dir wird langweilig!«

— Bauchladen
— Uhren, aus Papier ausgeschnitten (Kopiervorlage Seite 26)

▷ *Träumer*

Ein Träumer taucht auf und versucht, die Kinder für eine Traumzeit in einer kleinen Traumecke abzuwerben: »Komm her zu mir, ich schenke dir eine Zeit für deinen Traum. Komm her zu mir, ich zeige dir einen Platz zum Träumen.«

Dazu ist ein etwas vom Markttrubel abseits gelegener Raum mit einer Matratzen- und Tücherecke ausgestattet. Darüber wird ein großes buntes Schwungtuch wie ein Zelt aufgebaut, oder wie ein Dach gespannt.

Mit Hilfe einer kleinen Fantasiereise werden die Kinder eingeladen, sich »weg zu träumen«; dahin, wo es für sie am schönsten ist, wo sie sich glücklich fühlen. Wer möchte, kann seinen Traum erzählen. Als Geschenk verteilt der Träumer kleine Traumwolken oder Gutscheine über »Zehn Minuten freie Zeit für dich«.

— Abgelegener Raum
— Matratzen, Tücher, Schwungtuch
— Ruhige Musik / Traumgeschichte
— Traumwolken, ausgeschnitten aus Regenbogenpapier
— Zeitgutscheine

▶ **Für die Gruppenbildung**
— Glücksbringersymbole: Kleeblatt, Hufeisen, Glücksschwein, Marienkäfer o.ä. als Gruppenmerkmal und als Wegmarkierung zum Auffinden der Gruppenräume.

▶ **Für den Abschluss**
— Bambusstäbe für den Stabtanz
— Brot und Saft für das gemeinsame Essen

■ Bausteine

▶ **Einladung und Anmeldung**
Siehe Vorlage Seite 25

▶ **Begrüßung auf dem Marktplatz**
Alle, die an diesem Tag zusammengekommen sind, werden herzlich begrüßt.
An dieser Stelle ist Gelegenheit, vorab einige Regularien zu klären: Grober
Ablauf des Tages, Essenszeiten, etc.

▶ **Lied:** »Das Lied von den Gefühlen«
Siehe Seite 21

▶ **Gebet**
(im Wechsel sprechen)

Großer Gott, du schenkst uns das Leben.
Darüber freuen wir uns.
Du willst uns ganz nahe sein.

Du willst, dass unser Leben gut wird.
Hilf uns dazu.

Wir möchten glücklich sein.
Es gibt so viel in unserem Leben zu entdecken.

Du willst, dass unser Leben gut wird.
Hilf uns dazu.

Wenn wir dich brauchen, bist du für uns da.
Wenn wir dich suchen, werden wir dich finden.

Du willst, dass unser Leben gut wird.
Hilf uns dazu.

▶ **Einstimmung**

Wer weiß, was Kinder glücklich macht?
Manche Erwachsenen sagen: »Kinder verstehen nichts, denen kann man alles
erzählen! Denen kann man auch alles verkaufen. Die wollen ja alles haben.«
Die Erwachsenen denken sich für die Kinder Sachen aus und sagen: »Wir
wissen, was die Kinder glücklich macht!«, aber die Kinder werden gar nicht
erst gefragt.
Deshalb ist es gut, wenn ihr eure Augen und Ohren offen haltet, um herauszufinden, was wirklich gut für euch ist.
Hier auf unserem Marktplatz gibt es viele Marktstände. Da wird euch viel
angeboten. Schaut es euch an und findet heraus, ob das, was euch da angeprie-
sen wird, wirklich so gut ist und euch glücklich machen kann.
Hier mitten auf dem Marktplatz seht ihr einen Brunnen. Der hat schon viel
erlebt. Wenn der Brunnen sprechen könnte, würde er euch diese Geschichte
erzählen:

▶ **Vorstellen des Marktplatzes**

Der Brunnen erzählt

Ich, der Brunnen, stehe schon viele Jahre hier. Die Menschen können mein frisches Wasser trinken, sie können sich mit meinem klaren Wasser erfrischen. Das tut ihnen gut.

Aber etwas macht mich traurig. Immer weniger Menschen kommen zu mir. Früher, ja früher war ich ein Treffpunkt für alle, jung und alt, groß und klein. Die Menschen kamen aus ihren Häusern hier hin, redeten miteinander, tauschten Neuigkeiten aus und wer Durst hatte, trank von meinem Wasser. Das war einen schöne Zeit für mich, ich wurde gebraucht, ich war wichtig. Wenn ihr es genau nehmt, war ich Lebensmittelpunkt für diese Menschen.

Heute ist alles anders. Die Menschen trinken aus Büchsen und Flaschen. Die Menschen rennen an mir vorbei, beladen mit schweren Taschen, immer den Blick auf der Uhr: »Keine Zeit!« Schaut in die Gesichter, kaum ein Lächeln zu sehen. Auch die Marktschreier werden immer lauter. Sie übertönen sich gegenseitig, preisen an, was ihr angeblich alles zum Leben braucht, versprechen euch das Glück.

▶ **Eröffnung der Marktstände**

Die Marktschreier preisen zunächst lautstark und gleichzeitig die Vorzüge ihrer Angebote an, während die Kinder über den Marktplatz gehen und die Marktstände besichtigen. Die Kinder sollen von den Marktschreiern angesprochen, ja sogar ein wenig bedrängt werden, das Angebot doch anzuschauen, auszuprobieren. Dabei muss darauf geachtet werden, jüngere Kinder anders anzusprechen, als ältere; je nach Altersstruktur sind sicher auch Kinder dabei, die noch nicht lesen können. Gewollt ist für eine gewisse Zeit die Reizüberflutung, die geballte Ladung aus Lärm und Eindrücken.

Der Moderator schaltet sich dann nach einer gewissen Zeit ein und fordert die Marktschreier auf, ihre Angebote in reduzierter Lautstärke anzupreisen, und lädt die Kinder ein, alle Stände zu besuchen.

▶ **Schließen der Marktstände**

Die Zeit, die zur Besichtigung der Marktstände zur Verfügung steht, ist abhängig von der Anzahl der teilnehmenden Kinder. Alle sollten Gelegenheit haben, alle Stände und auch die Traumecke zu besuchen. Es ist allerdings wenig sinnvoll, die Stände zu lange offen zu halten. Wenn ein Großteil der Kinder fertig ist, sollte die Schließung angekündigt und dann in den nächsten 10–15 Minuten auch durchgeführt werden. Die Kinder werden eingeladen, sich wieder um den Brunnen einzufinden.

▶ **Lied: »Wer sehen will, braucht Augen«**

Siehe Seite 22

▶ **Gruppenbildung mit Glückssymbol**

Die Aufteilung in Gruppen erfolgt nach Alter / Schuljahren. Wie viele Gruppen eingerichtet werden, ist abhängig von der Anzahl der teilnehmenden Kinder und den zur Verfügung stehenden Mitarbeiter/-innen (Empfehlung: zwei Leiter/-innen je Gruppe).

Zur Gruppenbildung bekommen die Kinder Glückssymbole, die gleichzeitig Wegmarkierung in die Gruppenräume sind.

▶ Gruppenarbeit

Hier sollen die Kinder die Möglichkeit bekommen, das Erlebte zu besprechen, Eindrücke zu vertiefen und für sich umzusetzen.

Vermutlich haben die Kinder die Marktplatzatmosphäre ganz unterschiedlich wahrgenommen: Die Marktschreier, die sich teilweise aufgedrängt haben, der Lärm, der Bereich der Stille, die ungewohnten Angebote etc. Die Kinder brauchen Raum, um diese Dinge zu benennen und sich darüber auszutauschen.

Aufhänger für ein solches Gespräch können die Mitbringsel vom Markt sein. Aufgabe der Gruppenleiter ist es, den Kindern den Blick dafür zu öffnen, dass alle Dinge zwei Seiten haben: Lärm kann sehr störend sein, manchmal ist es aber unabdingbar, laut zu werden, um sich Gehör zu verschaffen. Stille kann bedrückend sein, aber auch sehr erholsam. Stille kann die Möglichkeit bieten, sich auf das Wesentliche zu konzentrieren.

Sinnvoll ist es, aus den vielen Themen des Marktes heraus, Schwerpunkte für die Gruppenarbeit zu setzen.

▶ Impulse für die Gruppenarbeit

Was Kinder wirklich glücklich macht

Kinder entwerfen ihre eigenen Werbespots und Werbesprüche. Hier kann ein altes Fernsehgehäuse als Kulisse für einen Sprecher / eine Sprecherin dienen. Gibt es in der Gemeinde eine Videoausrüstung, bietet sich die Möglichkeit, die Spots aufzunehmen und gemeinsam anzuschauen. Vielleicht gibt es etwas Neues zu entdecken?

Zeit – Hektik – Ruhe

Die Kinder bekommen die Möglichkeit zu Kontrasterfahrungen:
— Gehübungen im Raum: Kleine Schritte, große Schritte, schneller werden, außer Atem kommen.
— Einfache Bastelarbeit auf Zeit: z.B. wer schafft in fünf Minuten die meisten Origamivögel? Gruppenleiter könnten zur Eile antreiben.
— Gehen im Zeitlupentempo.
— Luftballons möglichst lange in der Luft halten.
— Mandala malen mit ruhiger Musik.

Den Kindern soll die Möglichkeit gegeben werden, über die gegensätzlichen Erfahrungen zu sprechen. Die Zeiterfahrungen der Kinder mit Hektik, Langeweile, Ruhe, erfüllter Zeit etc. werden dann gesammelt und auf einem Plakat festgehalten.

Die Kinder erhalten einen Zeitgutschein: Wofür möchtest du endlich mal Zeit haben?

Kindertraumzeit

Hier haben die Kinder die Möglichkeit, ihre Träume in großen Bildern festzuhalten. Als Material reichen große Bögen Papier, Stifte, Wachsmalkreiden oder Wasserfarben. Entspannend ist leise, ruhige Musik im Hintergrund. Diese Traumzeit ist besonders für jüngere Teilnehmer zu empfehlen.

Ramba-Zamba

Es wird mit lauten und leisen Tönen experimentiert. Dazu kommen die Klangkörper und Orffschen Instrumente vom Markt zum Einsatz. Einzelne Instrumente nehmen Kontakt miteinander auf, unterhalten sich, finden einen gemeinsamen Rhythmus, bilden eine Klangteppich.

17

— Die Kinder malen zu lauter und leiser Musik. Interessant ist für die Kinder sicherlich, inwiefern sich ihre Bilder unterscheiden.

— Danach werden den Kindern die Augen verbunden und sie folgen einem leisen Triangelton.

▶ **Lied:** »Wasser ist Leben«
Siehe Seite 23

▶ **Begegnung mit der Samariterin am Jakobsbrunnen**

Sarah, die Samariterin, kommt mit einem Krug zum Brunnen und erzählt den Kindern ihre Geschichte:

Hallo, mein Name ist Sarah, ich komme aus der Stadt Sychar in Samarien. Dort steht auch ein Brunnen, wie dieser hier. Man nennt ihn den Jakobsbrunnen, weil schon der Urvater Jakob daraus Wasser geschöpft haben soll. Wasser ..., ihr habt gerade gesungen: »Wasser ist Leben, Gott wird es geben ...«

Ich möchte euch meine Geschichte erzählen, die auch ganz viel mit Wasser, mit lebendigem Wasser zu tun hat.

Ich hatte nicht viel Glück in meinem Leben. Immer war ich auf der Suche. Und wenn ich glaubte, ich hätte das große Glück gefunden, wurde ich wieder enttäuscht. Die Leute redeten über mich, keiner wollte etwas mit mir zu tun haben. Also ging ich allen aus dem Weg. Euer Brunnen hier hat euch zu Beginn erzählt, dass sich früher viele Menschen bei ihm getroffen haben. So war das auch an unserem Brunnen. Ich bin allerdings immer mittags hingegangen, damit ich allein am Brunnen war. Als ich eines Mittags zum Brunnen kam, um Wasser zu holen, saß dort ein Mann. Er sah aus wie ein Jude. Das war recht ungewöhnlich: ein Jude an einem samaritischen Brunnen. Die Juden hatten nämlich einen anderen Glauben, als die Leute aus Samarien. Und dieser Mann sprach mich an und bat mich: »Gib mir zu trinken!« Ich glaube, ich habe den Mann ganz erschrocken angeschaut. Ein Jude darf doch keine Frau ansprechen, schon gar nicht eine samaritische. Ich habe ihn gefragt: »Du sprichst mit mir?« Da hat dieser Mann mir eine Antwort gegeben, die ich erst nicht verstanden habe: »Wenn du wüsstest, wer dich hier bittet, dann würdest du bitten: ›Gib mir zu trinken‹ und du würdest von mir lebendiges Wasser bekommen!« Ich habe ihn gefragt, wie er denn ohne Krug aus diesem tiefen Brunnen Wasser holen wolle und ob er größer sei, als unser Urvater Jakob, der ebenso wie seine Kinder und Tiere schon aus diesem Brunnen getrunken hat.

Da hat der Fremde zu mir gesagt: »Von diesem Wasser da unten wirst du wieder Durst bekommen. Wenn du von dem lebendigen Wasser trinkst, das ich dir gebe, wirst du keinen Durst mehr bekommen.«

Ich bat den Mann um dieses Wasser, aber er erzählte mir aus meinem Leben. Er wusste, wie es mir ging, welche traurigen Zeiten ich erlebt hatte, er kannte all das, was ich in meinem Leben falsch gemacht hatte.

Plötzlich bewegte sich etwas in mir, es wurde mir ganz deutlich und aufgeregt habe ich zu dem Mann gesagt: »Herr, ich sehe, dass du ein Prophet bist, dass du von Gott gesandt bist! Sag mir, an was soll ich mich halten, an wen soll ich glauben? Unsere Vorfahren haben Gott auf diesem Berg verehrt. Ihr Juden sagt, dass man Gott nur in Jerusalem ehren soll.« Er aber sagte zu mir: »Glaub mir, bald kommt die Zeit, da werden alle in dem einen Geist zu dem einen Gott beten. Und ihr werdet erkennen, wer er in Wahrheit ist.« Ich

habe ihn angeschaut und gesagt: »Ja, ich weiß, Christus, der Gesalbte, wird kommen. Gott schickt ihn und er wird uns alles verkünden.« Da sagte dieser Fremde zu mir: »Ich bin es! Der Messias redet mit dir!« ER, Jesus, der Messias kommt zu mir, der Samariterin nach Sychar! Ihr könnt euch gar nicht vorstellen, wie ich mich in diesem Moment gefühlt habe. Alles Traurige fiel von mir ab. Ich hatte wirklich das Gefühl, alles gefunden zu haben, wonach ich so lange gesucht hatte: das Glück!

Jetzt fragt ihr euch bestimmt: Und was hat das alles mit uns zu tun, mit unserem Jahrmarkt des Glücks? Es gab heute hier viel zu sehen, auf diesem Jahrmarkt: Dinge, die wirklich glücklich machen, und Dinge, die nur scheinbar glücklich machen. *(Kinder mit einbeziehen, erzählen lassen.)* Einiges habt ihr ja in euren Gruppen schon besprochen und aufgearbeitet. Das hat mich an mein früheres Leben erinnert: Ich war immer auf der Suche, ich habe vieles ausprobiert, was angeblich glücklich macht und habe dann doch immer wieder die große Enttäuschung erlebt. Was mich glücklich gemacht hat, war eine Begegnung, ein Gespräch mit Jesus. Er hatte Zeit für mich, hörte mich an und machte mir Mut. Das ist etwas, was man mit Geld nicht kaufen kann. Deshalb hat mir ein Marktstand besonders gut gefallen, der Stand mit den Händen. Man kann so viel machen mit seinen Händen! (...) Lasst es uns einfach einmal ausprobieren: *Fäuste ballen, Hände in den Schoß legen, Hände öffnen, einladende Handbewegung, streicheln, Hände reichen ...*
Ihr seht, wir können anderen mit unseren Händen weh tun. Aber, was noch viel wichtiger ist, wir können andere mit unseren Händen, mit dem, was wir tun, glücklich machen.

▶ **Aktionen / Lieder**

Lied: »Ich gebe dir die Hände«
Siehe Seite 24

Gebet: »Ihr seid meine Hände«

Christus hat keine Hände, nur unsere Hände,
um seine Arbeit heute zu tun.

Christus hat keine Füße, nur unsere Füße,
um die Menschen auf seinen Weg zu führen.

Christus hat keine Lippen, nur unsere Lippen,
um Menschen von ihm zu erzählen.

Er hat keine Hilfe, nur unsere Hilfe,
um Menschen an seine Seite zu bringen.
(Gebet aus dem 14. Jhdt.)

Stabtanz mit Bambusstäben

Die Kinder werden mit ihren rechten und linken Nachbarn mit Bambusstäben verbunden, wobei die Stäbe nur durch leichten Druck auf die Handinnenflächen gehalten werden. Sind alle Kinder miteinander verbunden, wird rhythmische

Musik eingespielt und die Kinder werden eingeladen, sich dazu zu bewegen. Es darf dabei drunter und drüber gehen, also: Spiralen bilden, über Stäbe klettern. Klappt das, ohne dass die Stäbe runterfallen?

Kanon: »Du Gott stützt mich«
(EG 630 Regionalteil Württemberg; LJ 501)

▶ Lied: »Wer sich auf Gott verlässt«

2. Wer sich auf Gott verlässt,
auf Gott, den Herrn allein,
der ist wie ein frisches Blatt
an dem Baum.
So wird er gesegnet sein.
Ja, so wird er gesegnet sein!

3. Wer sich auf Gott verlässt,
auf Gott, den Herrn allein,
der ist wie ein Vogelkind
in dem Nest.
So wird er gesegnet sein.
Ja, so wird er gesegnet sein!

4. Wer sich auf Gott verlässt,
auf Gott, den Herrn allein,
der ist wie die Blume,
die zart erblüht.
So wird er gesegnet sein.
Ja, so wird er gesegnet sein!

5. Wer sich auf Gott verlässt,
auf Gott, den Herrn allein,
der ist wie die Sonne
strahlend hell.
So wird er gesegnet sein.
Ja, so wird er gesegnet sein!

6. Wer sich auf Gott verlässt,
auf Gott, den Herrn allein,
der ist wie ein Licht,
das scheint durch die Nacht.
So wird er gesegnet sein.
Ja, so wird er gesegnet sein.

7. Wer sich auf Gott verlässt,
auf Gott, den Herrn allein,
der ist wie ein Kind
bei den Eltern im Arm.
So wird er gesegnet sein.
Ja, so wird er gesegnet sein.

8. Wer sich auf Gott verlässt,
auf Gott, den Herrn allein,
der ist wie ein Korn,
das aufgeht und wächst.
So wird er gesegnet sein.
Ja, so wird er gesegnet sein!

Text: Rolf Krenzer; Musik: Detlev Jöcker
Aus Buch, CD und MC »Deine Welt ist meine Welt«
Alle Rechte im Menschenkinder Verlag, 48157 Münster

Das Lied von den Gefühlen

1. Wenn ich glück-lich bin, weißt du was? Ja, dann hüpf ich wie ein Laub-frosch durch das Gras! Sol-che Sa-chen kom-men mir so in den Sinn, wenn ich glück-lich bin, glück-lich bin.

2. Wenn ich wütend bin, sag ich dir,
ja, dann stampf' und brüll' ich wie ein wilder Stier.
Solche Sachen kommen mir so in den Sinn,
wenn ich wütend bin, wütend bin.

3. Wenn ich albern bin, fällt mir ein,
ja, dann quiek' ich manchmal wie ein kleines Schwein.
Solche Sachen kommen mir so in den Sinn,
wenn ich albern bin, albern bin.

4. Wenn ich traurig bin, stell dir vor,
ja, dann heul' ich wie ein Hofhund vor dem Tor.
Solche Sachen kommen mir so in den Sinn,
wenn ich traurig bin, traurig bin.

5. Wenn ich fröhlich bin, hör mal zu,
ja, dann pfeif' ich wie ein bunter Kakadu.
Solche Sachen kommen mir so in den Sinn,
wenn ich fröhlich bin, fröhlich bin.

Text und Musik: Klaus W. Hoffman
© *AKTIVE MUSIK Verlagsgesellschaft mbH, Dortmund*

Wer sehen will, braucht Augen

2. Wer sehen will, braucht Sinne,
mit Herz, Gefühl, Verstand,
braucht Licht, das uns erkennen lässt:
Gott reicht uns seine Hand.
Licht, Licht ...

3. Wenn uns in Angst und Einsamkeit
kein Licht zu leuchten scheint,
dann bitten wir, dass Jesus uns
in seinem Licht vereint.
Licht, Licht ...

4. Gemeinsam gibt er uns sein Wort:
»Ihr seid das Licht der Welt!
Lasst eure guten Taten sehn,
dass Licht ins Dunkel fällt!«
Licht, Licht ...

5. So gehen uns die Augen auf,
wir sehn, dass Gott nicht ruht.
Wir stimmen in das Danklied ein
für alles, was er tut:

Dank, Dank, Dank, Dank
für das Licht der Welt!
Dank, Dank, Dank, Dank
für das Licht der Welt!

Text und Musik: Dieter Trautwein
Aus: »Komm, Herr segne uns«, 1988
Rechte: Strube Verlag, München

Wasser ist Leben

Vers Dm / Gm / C / F / Dm / Gm / Dm / A / Dm / C / *Kehrvers* Gm / C / F / Dm⁷ / Gm / C / F / Gm / C / F / Dm / B♭ / C / Dm

Auf der Su-che nach dem Le-ben lasst uns zu den Brun-nen ge-hen. Was die Men-schen dort er-le-ben, kann auch un-ter uns ge-sche-hen. Was-ser ist Le-ben. Gott will es ge-ben. Und aus der Fer - ne kommt er zu mir.

2. Auf der Suche nach dem Leben
lasst uns in den Brunnen sehen.
Was die Menschen dort erleben,
kann auch unter uns geschehen.
Wasser ist Leben.
Gott will es geben.
Und in der Tiefe
ist er mir nah.

3. Auf der Suche nach dem Leben
lasst uns bei dem Brunnen bleiben.
Was die Menschen dort erleben,
kann auch unsre Angst vertreiben.
Wasser ist Leben.
Gott will es geben.
Und in der Nähe
spricht er mich an.

4. Auf der Suche nach dem Leben
lasst uns an den Brunnen denken.
Was die Menschen dort erleben,
kann auch uns Vertrauen schenken.
Wasser ist Leben.
Gott will es geben.
Und in die Weite
geht er mit dir.

5. Auf der Suche nach dem Leben
wird uns Gott am Brunnen stärken.
Er allein kann Leben geben.
Hilf uns, Gott, dass wir es merken.
Wasser ist Leben.
Gott will es geben.
Und für das Leben
danke ich Dir.

Text: Reinhard Bäcker; Musik: Detlev Jöcker
Aus Buch, CD und MC:
»Heut ist ein Tag, an dem ich singen kann – 2«
Alle Rechte im Menschenkinder Verlag, 48157 Münster

Ich gebe dir die Hände

1. Ich ge-be dir die Hän-de und schau dir ins Ge-sicht. Dass wir so ganz ver-schie-den sind, das stört uns wirk-lich nicht. Ich ge-be dir die Hän-de, da kann es je-der sehn, dass du und ich, dass ich und du, dass wir uns gut ver-stehn. La, la, la, la, la, la, la, la, la, la, la, la, la, la, la, la, la, la, la, la, la, la, la, la.

2. Wir bauen eine Brücke
von Mensch zum Menschen dann,
mit Liebe und mit Zuversicht
vertraue dich mir an!
Wir halten uns die Hände
und woll'n die Brücke bau'n,
dass du und ich, dass ich und du
einander stets vertrau'n.

3. So stark wird diese Brücke
vom Mensch zum Menschen sein.
Und wenn wir fest zusammensteh'n,
dann stürzt sie niemals ein.
Wir halten uns die Hände
und woll'n die Brücke bau'n,
dass du und ich, dass ich und du
einander stets vertrau'n.

Text: Rolf Krenzer; Musik: Ludger Edelkötter
Aus: »Ich gebe dir die Hände«
© KiMu Kinder Musik Verlag GmbH, 42555 Velbert

Vorschlag und Kopiervorlage für eine Einladung zum »Jahrmarkt des Glücks«. ▶
Die Angaben von Veranstaltungsort, Datum und Uhrzeit
sind entsprechend abzuändern.

Willkommen auf dem

Jahrmarkt des Glücks

im Gemeinde-
zentrum Birlenbach

Sonntag, (Datum)

Eröffnung: 14.00 Uhr
Ende: 18.00 Uhr

☛ **Nur für Kinder!**

Wir freuen uns, wenn Du kommst!

☺ Anmeldung ☺

Ich komme zum »Jahrmarkt des Glücks« am (Datum)

Name _____

Vorname _____

Ich bin _____ Jahre alt.

_____
(Unterschrift der Eltern)

Was ist das Glück?
Kann ich das Glück kaufen?
Wann bin ich glücklich?

Auf dem Jahrmarkt des Glücks kannst
Du umsonst einkaufen und an den
Marktständen nach dem Glück suchen.
Wir werden spielen, singen und uns eine
Pause an einem Brunnen gönnen.

... und dann wollen wir feiern!

Bist Du neugierig?
Dann freuen wir uns über Deine Anmeldung. Du kannst sie bei den Pfarrerin-
nen, den Pfarrern, im Kindergottesdienst
oder in der Kindergruppe abgeben.

Kopiervorlage für die Uhren bzw. Ziffernblätter des Zeitverkäufers / der Zeitverkäuferin (siehe Seite 14).

Komm, wir finden einen Schatz!

Ein kreativer Kindertag für 7–10-Jährige

Wolfgang Hofheinz, Pia Biehl

Diese Veranstaltung wurde in der Evangelischen Kirchengemeinde Klafeld als Nachmittags-veranstaltung (15–ca. 18 Uhr) geplant und durchgeführt. Eingeladen wurden Kinder im Grundschulalter. Die durchschnittliche Teilnehmerzahl betrug 40 Kinder.
Geworben wurde mit Plakaten und Flyer in der Gemeinde, in Kindergruppen, im Kindergottesdienst und in den benachbarten Grundschulen.
Die acht bis zehn Mitarbeiter kommen aus dem Ehrenamt, Bereich Kinderarbeit in der Gemeinde. Es gab drei bis vier Vortreffen zur inhaltlichen Gestaltung und ein Treffen zur Vorbereitung der Gruppenräume.

Was die Kinder erleben sollen

Zum Thema

Wer das Wort »Schatzsuche« hört, dem fallen zuerst Kinder ein, die irgendwo im Gelände ein Schatzkiste suchen, gefüllt mit Süßigkeiten und anderen Dingen. Das macht einen Riesenspaß und die Kinder sind beim Suchen ganz bei der Sache. Spaß haben und ganz dabei sein mit Kopf, Herz, Händen und Füßen sollen die Kinder auch bei diesem Kindertag. Die Vorzeichen sind allerdings etwas verändert. Der Schatz, der hier gefunden werden soll, ist etwas anderer Natur. Er besteht aus Liedern, Gedanken, Begegnungen, Erinnerungen oder Menschen, die wichtig, kostbar geworden sind. So sind die Kinder selbst auch ein Schatz, den es zu entdecken gilt.
Kinder sind in ihrem Erleben nicht unbedingt auf Zukunft eingestellt und nach vorne gewandt. Sie leben im Hier und Jetzt, sind dabei, jeden Tag neue Erfahrungen zu sammeln, die sie für ihre weitere Entwicklung prägen. Ist es trotzdem möglich, ihnen etwas auf dem Weg in die Zukunft mitzugeben?
Es wäre vermessen zu behaupten, ein Kindertag könne Kindern einen Schatz fürs Leben mitgeben. Aber Spuren zu legen, Kinder aufmerksam zu machen auf Kostbares, Wichtiges und Erhaltenswertes, sollte Grund genug sein. Erst recht, wenn diese Spurensuche sich mit Spaß verbinden lässt, Entdeckungen und Erfahrungen möglich sind. Wer finden will, muss zuerst suchen. Und was sollen die Kinder finden, wenn nicht eine prall gefüllte Schatzkiste? Der Schatz in dieser Kiste besteht, neben essbaren Schätzen, aus Worten und folgenden Lebenssätzen:

— Du wirst gebraucht. Jeder andere wird auch gebraucht.
— Keiner kriegt dich klein. Du versuchst auch, keinen klein zu kriegen.
— Du bist der Erste. Jeder andere ist auch der Erste.
— Dir wird geholfen, wenn du Hilfe brauchst.
— Gott hat dich wunderbar gemacht: Gott hat auch jeden anderen wunderbar gemacht.

Diese Sätze sind mehr als nur Worte, sie wollen das Selbstwertgefühl der Kinder wecken und stärken, aber auch daran erinnern: Ich bin wichtig, du bist wichtig, wir sind wichtig! Stehen sie für sich alleine, wirken sie wie ein Appell. Sind sie eingebunden in die Rahmenerzählung, den Spielverlauf und die Gruppenarbeit, kann deutlich werden: Diese Lebenssätze sind wie Lebensschätze, die kostbar und wertvoll sind.

Quelle: Die »Lebenssätze« sind entnommen aus: Klaus Uwe Nommensen; »Ich möchte mal wer anders sein«, Der Kindergottesdienst – Lass mich hören, Heft 1/1988, S. 45, Gütersloher Verlagshaus, © Klaus Uwe Nommensen

Verlauf

Begrüßung

Lied: »Wenn einer sagt« (Seite 34)

Einstimmung / Rahmenerzählung
»Die versteckten Lebenssätze(schätze)«. Die Kinder werden auf die Schatzsuche eingestimmt.

Gruppenbildung

Aufbruch vom Basislager
Packen des Gruppenrucksacks mit allem, was Schatzsucher so brauchen.

Schatzkistensuche als Aufgabenparcours
Mit Hilfe von Schatzkartenteilen werden verschiedene Stationen im Land aufgesucht, wo kleinere Aufgaben zu lösen sind.

Gruppenarbeit
Impulse zum Vertiefen und Weiterführen der gefundenen Lebenssätze

Schlussteil
— Lied. »Lasst uns gehn in unser Land« (Seite 35)
— Lebenssätze(schätze) aus den Gruppen vorstellen

■ Was wird gebraucht?

▶ **Einladung**
Siehe Seite 36

▶ **8–10 Mitarbeiter/-innen**

▶ **Räumlichkeiten**
Großer Gruppenraum oder Freigelände für das »Basislager« und die Spielstationen, kleinere Räume für die Gruppenarbeit.

▶ **Schatzkarten**
Pro Gruppe eine Schatzkarte in sechs Teilen. Die einzelnen Teile sind für jede Gruppe in einer eigenen Farbe markiert.

▶ **Fünf Lebenssätze**
Mit der Hand auf besonderes Papier geschrieben. Sie sollen wertvoll wirken.

▶ **Utensilien für die Schatzsuchergruppen**
Die kursiv gedruckten Sachen werden für die Schatzsuche benötigt, alles andere kann willkürlich dazu gelegt werden.
Gruppenrucksack, Schaufel, Tennisbälle, Seile, Ich-Du-Wir-Würfel (die Seiten des Würfels sind je zweimal mit diesen Worten beschriftet), Streichhölzer, Taschenlampen, Pflaster, Kompass, Nadel und Zwirn, Verpflegung, Mützen u.a.

▶ Für die Spielstationen:

▷ *See*
— Der See kann aus größeren blauen Tüchern oder aus blauer Folie darge-
  stellt werden. Zur Dekoration können Pappfische in den See gelegt werden.
— Die Kinder bekommen im Umschlag die Anleitung zum Knüpfen eines
  Netzes (Vorlage Seite 37).
— Jede Gruppe erhält eine entsprechend der Gruppenfarbe gekennzeichnete
  Flaschenpost mit Schatzkartenteil.

▷ *Fluss*
Der Fluss soll mit Hilfe von Tüchern oder Folien dargestellt werden. Das Ufer
kann mit Steinen gestaltet werden.
Am Fluss werden Steine für den Brückenbau deponiert.

▷ *Urwald*
Er kann mit Ästen, großen Pflanzen und Bildern von wilden Tieren dargestellt
werden (Poster auf Pappe aufziehen und aufhängen oder aufstellen).

▷ *Spielfeld*
Skatkarten (Bube, Dame, König, Joker, 10, 9, 8, 7) werden auf DIN A 3
kopiert und ausgelegt. Spielregeln siehe Spielstation.

▷ *Sumpf*
Mit Hilfe von Tüchern wird ein Sumpfgebiet dargestellt, in dem Krokodile
(aus Plüsch oder kopiert auf Bildern) lauern. Mitten durch den Sumpf wird
ein dickes Tau gelegt. Dies ist die einzige Möglichkeit für die Kinder, dieses
Gebiet zu durchqueren.

▶ Schatzkisten
Es werden *vier kleine Schatzkisten* benötigt – kleine Holzkisten oder verzierte
Schuhkartons –, in denen je ein Lebenssatz und Goldtaler, Schokoriegel o.ä.
Schätze für die Gruppen versteckt sind. Diese Schatzkisten werden im Bereich
des Veranstaltungsgeländes versteckt. Besonders spannend ist es, die Schatzkisten zu vergraben, wenn die örtlichen Gegebenheiten es zulassen. Der jeweilige Ort ist auf der Schatzkarte der Gruppen eingetragen. Jede Gruppenkiste
enthält außerdem ein Stück der Schatzkarte, die im Schlussteil zur größten
Schatzkiste führt.
In dieser größeren Schatzkiste ist der fünfte Lebenssatz »Gott hat dich wunderbar gemacht« und ein Spiegel versteckt.

▶ Für die Gruppenarbeit
Material nach Bedarf.

▶ Für den Schlussteil (siehe Seite 32f.)
Ein runder Umhänger, dessen Vorderseite beschriftet ist mit: »Gott hat mich
wunderbar gemacht...«. Auf der Rückseite steht: »...und alle anderen auch!«

▶ Eine grundsätzliche Überlegung
Bei der Schatzsuche im Freigelände erscheint es sinnvoll, die Stationen und
auch die Fundorte der Schatzkisten mit Mitarbeitern zu sichern. Es wäre doch
schade, wenn sich fremde Schatzsucher betätigen und damit die ganze Arbeit
zunichte machen würden.

■ Bausteine

▶ **Lied:** »Wenn einer sagt«
Siehe Seite 34

▶ **Einstimmung / Rahmenerzählung**

Die versteckten Lebenssätze

Das hier ist ein Land, das seit vielen Jahren unbewohnt ist. Auch jetzt ist niemand hier. Ihr seid die Ersten, die dieses verlassene Land wieder betreten. Vor langer Zeit lebten hier viele Menschen zusammen. Aber unter ihnen regierte die Gewalt, es breitete sich Angst aus und keiner wusste, wie es weitergehen sollte. Alle waren ratlos. Endlich fragten sich die Menschen: »Wollen wir wirklich so zusammenleben? Geht es nicht auch anders?« Immer wieder setzten sie sich zusammen, um zu beraten. In einem alten Buch ist nachzulesen, dass sie sich nach vielen Gesprächen und auch Streit auf fünf wichtige Regeln einigten. Es wird erzählt, dass zunächst alle diese Regeln beachteten, aber das hielt nicht lange an. Der Streit war bald wieder an der Tagesordnung und die Regeln gerieten in Vergessenheit. Immer mehr Menschen, die hier lebten, verließen schließlich das Land, um etwas Neues, Besseres zu suchen, denn die Sehnsucht war geblieben. Eine weise, alte Frau blieb schließlich alleine zurück. Sie erinnerte sich, wie sie als Kind den Gesprächen der Erwachsenen lauschte und ihr fielen die Regeln wieder ein, die sie als Kind gehört hatte. Sie schrieb sie auf in der Hoffnung, dass sich eines Tages Menschen fänden, die in diesem Land mit den alten Regeln etwas Gutes anfangen könnten. Darum steckte sie jede dieser Regeln in eine Schatzkiste, die sie an fünf verschiedenen Orten versteckte. Wer die Regeln kennen lernen will, muss erst die Schatzkisten finden. Und noch etwas steht in diesem alten Buch: Die größte Kiste darf erst als letzte von allen Schatzsuchern geöffnet werden.

Die Lebenssätze werden in der Rahmenerzählung bewusst nicht genannt. Die Erzählung sollte möglichst frei präsentiert werden, mit eigenen Worten und Blickkontakt zu den Kindern, denn es geht darum, die Kinder auf den Inhalt der Schatzkisten neugierig zu machen und sie selbst zu einem Teil der Geschichte werden zu lassen.

▶ **Gruppenbildung**
Die Gruppenbildung kann mit Hilfe von Losen erfolgen. Verschiedene Symbole (z.B. Fluss, Blatt, Schmetterling, Fußspuren, Tierspuren ...) werden ausgegeben. Alle mit gleichem Symbol bilden eine Gruppe. Altersgemischte Gruppen kämen dem Anliegen nahe: »Jeder wird mit seinen Möglichkeiten gebraucht.« Rücksicht aufeinander wird eingefordert, nicht nur die Größten und Schnellsten sind zuerst am Zug.
Die Anzahl der Gruppen (optimal sind vier) ist abhängig von der Anzahl der Kinder, ggf. müssen Lebenssätze ausgewählt werden, oder jede Gruppe sucht zwei Schatzkisten.

▶ **Aufbruch vom Basislager**
Im Basislager liegen für jede Gruppe ein Gruppenrucksack und verschiedene Dinge aus, die für eine Schatzsuche notwendig sein können. Jede Gruppe packt sieben Sachen in ihren Rucksack, von denen sie meint, dass sie benötigt werden.

Fehlt einer Gruppe zum Lösen der Aufgaben ein Gegenstand, kann sie eine andere Gruppe um Hilfe bitten, oder muss ins Basislager zurückkehren, um das fehlende Teil abzuholen.

Ist der Rucksack geschnürt, bekommt jede Gruppe den ersten Teil ihrer Schatzkarte, auf dem die erste Station eingetragen ist.

Jede Gruppe beginnt an einer anderen Station, löst die gestellte Aufgabe und folgt dem Hinweis auf dem nächsten Schatzkartenteil zur nächsten Station. Jede Gruppe wird von einem Mitarbeiter begleitet.

Stationen der Schatzsuche

▷ *See*
Aufgabe: Ihr macht Pause an diesem See. Ihr seid hungrig und wollt Fische fangen. Dazu braucht ihr ein Netz, das ihr euch aus Seilen knüpft (siehe Anleitung Seite 37).

Das Schatzkartenstück ist für jede Gruppe in einer Flaschenpost versteckt (siehe Seite 29).

▷ *Fluss*
Der Fluss ist nicht tief. Aber ihr wollt keine nassen Füße bekommen, deshalb benutzt die Steine als Brücke. Die Füße dürfen das Wasser nicht berühren.

Das Schatzkartenstück liegt am Ufer unter einem Stein oder zwischen Pflanzen.

▷ *Urwald*
Wilde Tiere lauern überall. Manche sind angriffslustig. Um nicht gefressen zu werden, dürft ihr euch mit Tennisballkugeln wehren und versuchen, die Tiere zu vertreiben. Achtung: Ihr habt nur drei Schuss zur Verfügung. Die Schatzkarte hängt an einer Palme.

▷ *Spielfeld*
Probiert einmal das Spiel, das die Kinder vor langer Zeit in diesem Land gespielt haben:

Ihr seht hier die verschiedenen Skatkarten. Eure Aufgabe ist es, etwas zu suchen, was ihr auf diese Karte legen könnt. Was das für Dinge sein können, ist in den Regeln festgelegt. (Die Gegenstände legt man in der Umgebung der Spielstation, z.B. des Gemeindehauses, aus. Die Regeln sind als Beispiele gedacht. Man kann sich auch andere ausdenken.)

— *König:* Etwas Königliches, Herrschaftliches oder typisch Männliches;
— *Dame:* Etwas Damenhaftes oder typisch Weibliches;
— *Bube:* Etwas, was Jungen in den Hosentaschen tragen;
— *Joker:* Etwas Lustiges;

10/9/8/7: So viele gleiche Gegenstände, wie der Wert der Karte anzeigt: Entscheidet euch für vier Karten, die ihr belegen wollt.

Das Schatzkartenstück ist hinter einer Spielkarte befestigt.

▷ *Sumpf*
Es gibt nur einen Weg über den Sumpf: über dieses Seil, das in 20 Metern Höhe über den Sumpf gespannt ist. (Zur Darstellung des Sumpfes siehe Seite 29.) Fasst euch an den Händen und balanciert Hand in Hand über das Seil.

Weil ihr euch aber vor den Bestien im Sumpf fürchtet, schließt ihr besser die Augen. Rutscht einer vom Seil, muss die ganze Gruppe neu beginnen.
Das Schatzkartenstück liegt am Sumpfrand.
Mit dem letzten Stück ist die Schatzkarte vollständig, die Gruppe kann ihre Schatzkiste suchen.

▷ *Öffnen der Schatztruhe*
Dies ist die letzte Gruppenaufgabe. Nach der anstrengenden Schatzsuche dürfen sich alle erst einmal mit den Dingen stärken, die in der Schatzkiste versteckt waren. Dann schaut die Gruppe nach, was für ein Lebenssatz in ihrer Kiste versteckt ist.
Im Umschlag findet sich dabei folgende Aufgabe:
Früher stand in diesem Land ein »Denk-mal«. Die Menschen hatten es in der guten, alten Zeit aufgestellt, als sie noch miteinander redeten und sich gut verstanden. Es hatte den Namen: (*Hier ist jeweils der Lebenssatz der Gruppe eingefügt.*)
Als sich aber die Zeiten änderten, die Gewalt sich ausbreitete und die Menschen sich zerstritten, zerstörten sie das Denkmal.
Stellt euch vor, wie das Denkmal ausgesehen haben könnte und baut es nach, aus euch selbst.
Wie, das entscheidet der »Ich-Du-Wir-Würfel«. Wird ein »Ich« gewürfelt, muss der die Aufgabe lösen, der gewürfelt hat, darf aber die anderen um Rat fragen. Bei »Du« darf sich der Würfler eine/einen aus der Gruppe aussuchen, der das Denkmal darstellt. Auch hier darf die Hilfe der anderen eingeholt werden. Bei »Wir« sind alle gemeinsam dran.

Die Denkmäler können per Video aufgenommen oder mit Fotos festgehalten werden.
Mit älteren Kindern können diese Denkmäler auch aus Modelliermasse, Draht, Holz o.ä. gestaltet und so der Nachwelt erhalten werden.

▶ **Impuls zur Vertiefung der Gruppenarbeit**
Die Lebenssätze können in den Gruppen besprochen und ihr Inhalt vertieft werden. Exemplarisch sei hier ein Impuls für den Lebenssatz: *Keiner kriegt dich klein. Wichtig! Du versuchst auch keinen klein zu kriegen!* vorgestellt.

»Unterdrücken« kann spielerisch erlebbar gemacht werden:
— Zwei stehen sich gegenüber, legen sich die Handflächen auf die Schultern und versuchen den anderen runterzudrücken.
  Gleiches Spiel mit anderer Ausgangsposition: Einer sitzt, der andere steht.
— Zwei stehen sich gegenüber und schauen sich an. Beide wollen sich durchsetzen, die Oberhand über den anderen gewinnen. Wer hält dem Blick des anderen stand, wer muss als erster wegschauen?
Die Erfahrungen aus diesen Spielen sollen gesammelt und besprochen werden.
Ebenso lassen sich für die anderen Lebenssätze Spiele finden, die den Inhalt erlebbar und damit für die Kinder umsetzbar machen.

▶ **Schlussteil**
Nach der Gruppenphase sammeln sich alle wieder im Basislager. Die Lebenssätze der einzelnen Gruppen werden an eine Stellwand geheftet.

— *Lied:* »Lasst uns gehn in unser Land«
  Siehe Seite 35

Die Denkmäler der einzelnen Gruppen werden vorgestellt: Je nach technischen Möglichkeiten per Video, Polaroid, oder live und in Farbe von den Kindern gemalt.
Dann wird aus den vier Teilstücken die große Schatzkarte zusammengeklebt, die große Schatzkiste gesucht und geöffnet.

In der Kiste ist ein Spiegel, in dem sich die Kinder selber entdecken können.
Über dem Spiegel steht zu lesen: *Gott hat dich wunderbar gemacht!*
Jedes Kind bekommt die Gelegenheit, sich selbst anzuschauen und nimmt sich einen beschrifteten Umhänger aus der Schatzkiste mit (siehe Hinweis Seite 29).

▶ **Gebet zum Abschluss**

»Schatzsucherpsalm«
(Kehrvers gemeinsam sprechen.)

Du Gott hast mich wachsen lassen.
Ich danke dir. Du hast mich lieb.
In deinen Augen bin ich ein Schatz.

Ich danke dir, dass ich wunderbar gemacht bin!

Ich kann lachen, weinen, mich bewegen,
und ich freue mich an meinem Leben.
Ich bin etwas ganz Besonderes.

Ich danke dir, dass ich wunderbar gemacht bin.

Mein Leben ist wie einen Schatzkiste,
voller Überraschungen.
An jedem Tag kann ich entdecken:
Ich bin wichtig, ich werde gebraucht.

Ich danke dir, dass ich wunderbar gemacht bin.

Danke, dass für dich jeder Mensch wichtig ist.

Wenn einer sagt

La la la la la, la la la la la, la la la

la la la la la la la, la la la la la, la la la

la la, la la la la la la la la. 1. Wenn ei - ner sagt: "Ich

mag dich, du, ich find dich ehr - lich gut!", dann krieg ich ei - ne

Gän - se - haut und auch ein biss - chen Mut.

2. Wenn einer sagt: »Ich brauch dich, du;
ich schaff es nicht allein.«,
dann kribbelt es in meinem Bauch,
ich fühl mich nicht mehr klein.

3. Wenn einer sagt: »Komm, geh mit mir,
zusammen sind wir was!«,
dann werd ich rot, weil ich mich freu,
dann macht das Leben Spaß.

4. Gott sagt zu dir: »Ich hab dich lieb.
Ich wär so gern dein Freund!
Und das, was du allein nicht schaffst,
das schaffen wir vereint.«

Text u. Melodie: Andreas Ebert, aus: »Feiert Gott in eurer Mitte«
Rechte beim Hänssler-Verlag, Neuhausen Stuttgart

Lasst uns gehn in unser Land

1. Lasst uns gehn in un-ser Land, wo kei-ner Angst hat vor dem an-dern! Ist nicht weit, das schö-ne Land, wo kei-ner Angst hat vor dem an-dern.

2. Lasst uns gehn in unser Land,
wo wir die Wahrheit sagen können!
Ist nicht weit, das schöne Land,
wo wir die Wahrheit sagen können.

3. Lasst uns gehn in unser Land,
wo jeder gute Freunde findet!
Ist nicht weit, das schöne Land,
wo jeder gute Freunde findet.

4. Lasst uns gehn in unser Land,
wo wir wie Brüder alles teilen!
Ist nicht weit, das schöne Land,
wo wir wie Brüder alles teilen.

5. Lasst uns gehn in unser Land,
wo wir einander gut verstehen!
Ist nicht weit, das schöne Land,
wo wir einander gut verstehen.

6. Lasst uns gehn in unser Land,
wo Große nicht die Kleinen
    schrecken!
Ist nicht weit, das schöne Land,
wo Große nicht die Kleinen
    schrecken.

7. Lasst uns gehn in unser Land,
wo wir in Freiheit leben können!
Ist nicht weit, das schöne Land,
wo wir in Freiheit leben können.

Text: Peter Horst + Ludwig Keller 1969;
Melodie: Ludwig Keller 1969
Rechte: Strube Verlag, München / Berlin

Bei unserer Schatzsuche ...

Irgendwo in einem vergessenen
Land soll es Schatzkisten geben,
die lebenswichtig sind.
Wer hat sie vergraben?
Was ist in den Kisten?

*Wir wollen uns an diesem Nachmittag
auf die Suche machen
und dabei viel erleben!*

wirst *DU* gebraucht!

Deine Anmeldung kannst du abgeben im
Kindergottesdienst, in der Kindergruppe oder
bei den Pfarrern und bei Wolfgang Hofheinz,
LUTHERHAUS

bis zum 10. September

Kopiervorlage für Innenseiten der Einladung zur »Schatzsuche«.
Datum, Ort und Namen sind entsprechend abzuändern (neu schreiben und überkleben).

36

Kopiervorlage für Bastelanleitung zum Netz knüpfen. ▶
Entnommen aus der Kinderbibelwoche »Ein Mensch folgt Jesus«,
Evang. Bildungswerk, Berlin

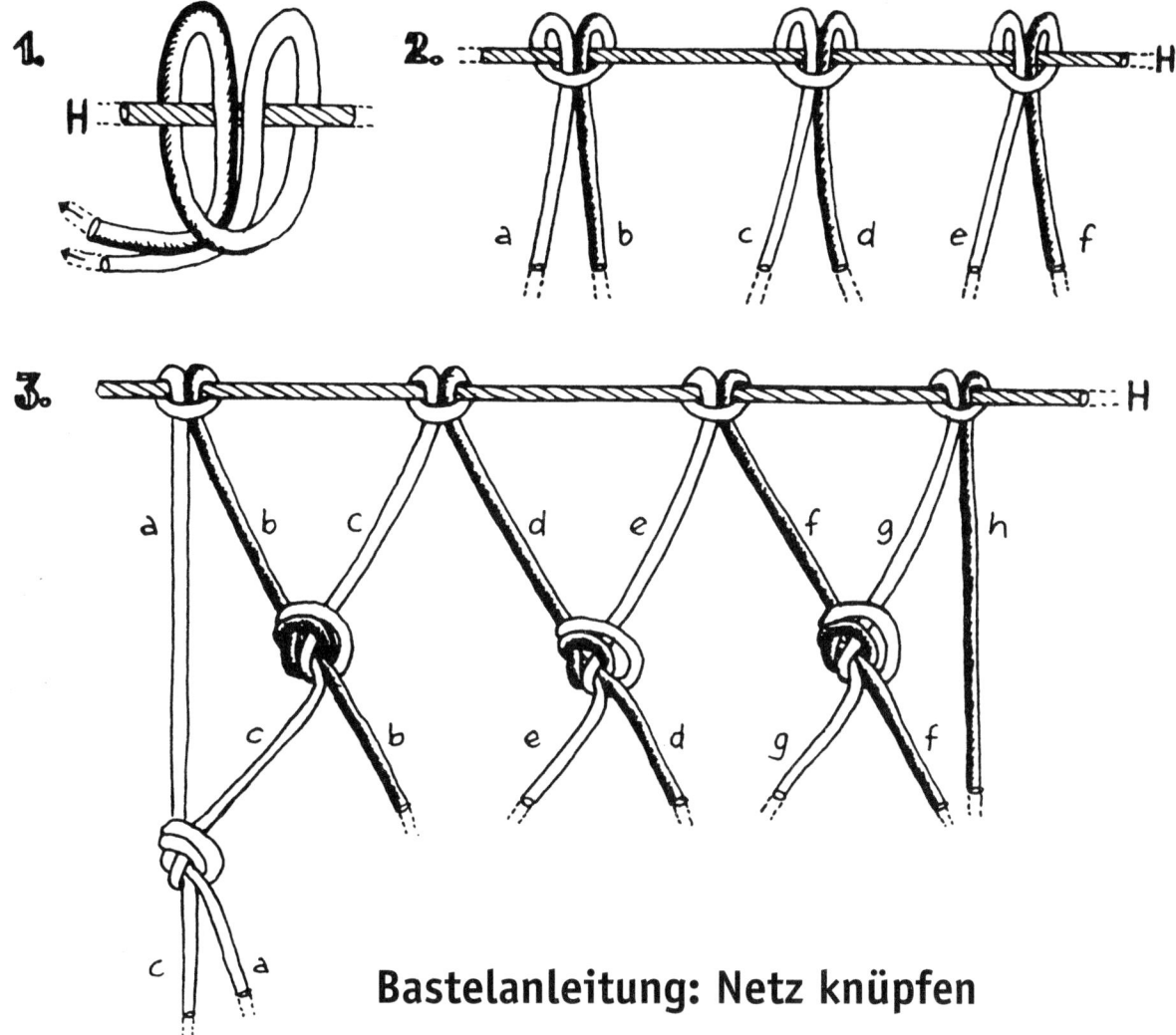

Bastelanleitung: Netz knüpfen

Wichtig: Die Gruppenleiter und Helfer sollten das Netzknüpfen vorher ausprobiert haben!

1. Halteleine (H) spannen: Länge je vier Kinder etwa 1 m, Höhe 1,50 m

2. Jedes Kind legt eine starke Schnur (3 m) auf die Hälfte zusammen, nimmt die Schlaufe in die Hand.

3. Gruppe halbieren: Gruppenleiter an einem Ende der Markierungen, Helfer am anderen. Erstes Kind fasst an die erste Markierung, das zweite von der gegenüber liegenden Seite an die nächste usw.

4. Schnur befestigen: Schlaufe bei der Markierung über die Halteleine legen – Schlaufe etwas nach unten ziehen – lose Enden (gleich lang!) durchziehen (Abb. 1).

5. Jeder gibt von seinen 2 Schnüren (z.B. a, b) eine an den nächsten gegenüber in Richtung Helfer (Abb. 2).

6. Knoten: Beide Schnüre nah an der Halteleine mit links so festhalten, dass man auf seinen Handrücken sieht – unter der linken Hand einen Knoten machen – die Knoten erst festziehen, wenn alle etwa auf gleicher Höhe sind (Abb. 3). Das erste Kind kann keine Knoten machen, das letzte muss eine Schnur hängen lassen.

7. Nächste Knotenreihe: Eine Schnur an den nächsten gegenüber in Richtung Gruppenleiter abgeben. Dann wie 6. Nächste Knotenreihe: Eine Schnur in Richtung Helfer abgeben usw.

8. Am Schluss lose Enden verknoten oder abschneiden, Halteleine herausziehen.

Wichtig: Der Gruppenleiter muss unbedingt jeden kleinsten Schritt einzeln ansagen und von allen durchführen lassen. Erst dann kann der nächste folgen! Kleinere Kinder brauchen vielleicht beim Knoten Hilfe; eventuell vorher mit Doppelschnur üben!

Ein Laubhüttenfest feiern

Mit Kindern von 9 – 12 Jahren einen jüdischen Festbrauch kennen lernen

Simone Straub-Abelein

Zum Thema

Das Laubhüttenfest

Der Ursprung und die Tradition

»Sukkot« – das Laubhüttenfest – gilt als Fest der Freude. Dieses Fest dauert acht Tage und wird nach dem jüdischen Kalender im Monat Tischri (September / Oktober) gefeiert. Es ist ursprünglich ein Wallfahrtsfest, das an den Auszug aus Ägypten erinnert und daran, dass Gott Israel aus der Sklaverei befreite. Das Fest erinnert an die vierzigjährige Wanderung durch die Wüste, als das Volk Israel in Zelten und Hütten lebte; und die Sorge, mit der Gott dieses Volk begleitet hat (3 Mose / Levitikus 23,33–43). An Sukkot hat König Salomo den Tempel eingeweiht. Dies bedeutete, dass die Landnahme abgeschlossen und das jüdische Königreich errichtet war – ein Zeichen der Beständigkeit also.

Das augenfälligste Ritual dieses Festes, das ihm auch seinen Namen gegeben hat, ist die Laubhütte. Eine Behausung, die nicht allzu viel Schutz vor Wind und Regen bietet. Sie darf kein ständiges Bauwerk sein, sondern muss jedes Jahr neu errichtet werden (z.B. im Garten oder auf dem Balkon) und erinnert an die Unbeständigkeit der menschlichen Existenz. Für das Aussehen der Laubhütte gibt es bestimmte Vorschriften: Die heutige »Sukka« wird aus Brettern, Ästen, Laub und Tüchern errichtet und mit Blumen und Früchten geschmückt. An dünnen Drähten hängen Früchte herab, die auch in Israel wachsen. Zitronen, Orangen und Weintrauben dokumentieren, dass Sukkot gleichzeitig auch ein Erntedankfest ist. Das Dach wird aus Ästen und Laub gemacht und soll so dicht sein, dass es bei Sonne Schatten bietet und gleichzeitig so locker, dass man bei Nacht die Sterne sehen kann.

Neben der Hütte ist ein besonderer Feststrauß, der »Lulaw« für das Laubhüttenfest wichtig. Er wird aus Dattelpalmen-, Myrten- und Bachweidenzweigen zusammengebunden. In die eine Hand nimmt man diesen Strauß, in die andere nimmt man einen Paradiesapfel – eine Zitrusfrucht, die besonders duftet. Dieser Strauß wird während den Festtagen in den Morgengottesdiensten nach einem festen Brauch »geschüttelt« (in die vier Himmelsrichtungen und nach oben und unten bewegt). Er ist ein Zeichen der Verträglichkeit der verschiedenen Pflanzen und so auch der Menschen, und wie eine weitere Interpretation sagt: Der Strauss symbolisiert die Juden, die wie Bachweiden über die ganze Welt verstreut leben, und doch immer verbunden sind mit ihrer Heimat Israel, in der die Palme, die Myrte und der Paradiesapfel wachsen.

Was Judentum und Christentum verbindet

Beim Gestalten eines Laubhüttenfestes bekommen Kinder und Erwachsene einen Einblick in die Festkultur des Judentums. Gemeinsame Wurzeln werden deutlich: Christen und Juden sind sich in ihrer Geschichte sehr nah. Das

Testament entspringt der Thora (fünf Bücher Mose), dem heiligen Wort Gottes der Juden. Judentum und Christentum sehen Abraham als den Vater des Volkes Israel. Wir Christen kennen die Geschichten von Mose, David, Salomo und den Propheten. Das Neue Testament bezieht sich auf die Erfahrungen und Geschichten des Alten Testaments. Die Gottessohnschaft Jesu und sein Leiden sind nur auf diesem Hintergrund der Geschichte Gottes mit den Menschen zu verstehen. Paulus weist in Römer 11,1 ff. auf dieses Fundament hin. Auch das Laubhüttenfest hat bei uns eine Entsprechung. Im Kirchenjahreskreis feiern wir das Erntedankfest. Da danken wir Christen für die Früchte des Feldes und die Früchte der Arbeit.

Religionspädagogische Überlegungen

Warum wir das jüdische Laubhüttenfest mit Kindern feiern:
— Das Wahrnehmen des anderen, der Einblick in Fremdes und Unbekanntes ist heute nötiger denn je. Nur wer die Kultur und die Religion anderer Menschen kennt, wird toleranter und achtet das Fremde und die Fremden.
— Wir wollen mit diesem Laubhüttenfest einen Einblick in die Festkultur der jüdischen Religion geben. Es ist ein kleiner Einblick, aber er könnte Kindern ermöglichen, dass sie etwas vom Reichtum des Judentums begreifen.
— Kinder haben Freude am Gestalten und Erleben, hören gerne Neues, und genau dies soll beim Aktionstag erfahren werden.
— Auch das Einbeziehen der Errettungsgeschichte Israels gehört dazu – weil dies bis heute der Anlass ist, dass jüdische Familien das Laubhüttenfest feiern. Beim Laubhüttenfest steht die Gemeinschaft im Vordergrund. Spielen, Basteln, Essen und Bauen bieten diese Gemeinschaftserfahrung.

Verlauf

Zum Tagesablauf
Der Ablauf und die Dauer dieses Kinderaktionstages, geplant mit einer Teilnehmerzahl von ca. 50 Kindern, Altersstufe 9 – 12 Jahre, kann je nach örtlichen Gegebenheiten variiert werden, wobei ein Gemeindehaus / Freizeitheim mit großer Wiese ideal wäre. Es bietet sich an, diesen Tag zeitnah (September) zum tatsächlichen Laubhüttenfest durchzuführen. Die Inhalte, die an diesem Tag übermittelt werden, fördern die Gemeinschaft. Daher liegt der Schwerpunkt des Vormittages – neben einem kurzen inhaltlichen Block als Einstieg – beim Bauen der Laubhütten und Basteln von Gegenständen, die es bereits zu biblischer Zeit gab. Nach dem Mittagessen findet ein Stationenspiel statt. Den Abschluss des Tages bildet eine gemeinsame Runde, bei der gesungen wird. Eventuell lässt man den Tag mit einem Lagerfeuer und Stockbrot ausklingen.

Begrüßung und Rollenspiel – von Kindern gestaltet (ca. 0.45 Std.)
Drei Personen (zwei Kinder spielen die jüdische Religionszugehörigkeit, ein Kind gehört der christlichen Religion an) treten auf, und führen ein Gespräch, eröffnen damit das Thema des Tages. Diese drei Personen treten im Laufe des Tages immer wieder auf und begleiten durch den Tag (sie könnten mit dem Leitungsteam die Moderation übernehmen).
Zu Beginn werden einige Lieder gesungen und mit ein / zwei Spielen können die Gruppen für den Bau der Laubhütten eingeteilt werden.

Bau der Laubhütten (ca. 2.00 Std.)
Siehe Seite 43
Die Laubhütten werden gemeinsam oder von einzelnen Gruppen gebaut, gestaltet und geschmückt. Je nach Örtlichkeit werden entsprechende Materialien verwendet.
Nach dem Hüttenbau gibt es Bastelangebote (Spiele im Lederbeutel, Ledertasche mit Schriftstück »Tefillin«, Buchrolle; siehe Seite 44f.). Diese können im Laufe des Nachmittags (z.B. innerhalb einer Spielstation) erneut aufgegriffen werden.

Mittagessen (ca. 0.30 Std.)
Siehe Seite 49
Linseneintopf ist ein typisches Gericht und könnte mit Brot und einer Joghurtcreme ein leckeres Mittagessen sein.
Für die kurze Mittagspause können Brett- oder Ballspiele angeboten werden.

Stationenspiel – »Wüstenwanderung« (ca. 2.30 Std.)
Siehe Seite 46
Die einzelnen Spielstationen können sowohl im Haus (verschiedene Räume) als auch im Freien (weitläufigeres Gelände) stattfinden, entsprechend groß wird die »Wüstenwanderung«.

Nachmittagsrunde an der Laubhütte (ca. 1.00 Std.)
In der großen Runde kann man nun einige Lieder singen, den Obstsalat oder das Gebäck (Hamantaschen, siehe Seite 50) essen und evtl. noch eine Andacht hören. Je nachdem kann man die Laubhütten prämieren und die Siegerehrung des Stationenspiels (kleine Preise für alle Gruppen, damit es keine Verlierer gibt) durchführen.
Mit einem Lied wird der Tag beendet (Vorschläge Seite 50).

■ Checkliste / Was alles benötigt wird

▶ Mitarbeiterteam / Leitung

Bei einer Teilnehmerzahl von ca. 50 Personen ist folgende Mitarbeiteranzahl sinnvoll:
— Leitungsteam (2–3 Personen)
— Mitarbeiterteam (8–10 Personen)
— Küchenteam (2–3 Personen)
  Für die Vorbereitung sollten 2–3 gemeinsame Vorbereitungstreffen veranschlagt werden (die vom Leitungsteam vorbereitet und durchgeführt werden).

▷ *Aufgaben des Leitungsteams*
Organisation, Werbung, Programmentwurf des Kinderaktionstages, Planung und Durchführung der Vorbereitungstreffen.

▷ *Aufgaben des Mitarbeiterteams*
Besorgung des benötigten Materials, Begleitung der Teilnehmergruppen während des Tages (Hilfe beim Bau der Laubhütte, Durchführung des Stationenspiels, ...).

▶ Flyer und Plakate

Gestaltung von Flyern (Größe ca. DIN A5) mit den nötigen Angaben, um ansprechend für den Kinderaktionstag einzuladen. Anzahl der benötigten Flyer hängt davon ab, in welchem Umfang geworben werden soll: Kindergottesdienst, Jungschar, Schule, Ortsbibliothek, ... (Vorschlag zur Gestaltung eines Flyers Seite 51).
Zusätzlich zu Flyern kann mit großformatigen Plakaten eingeladen werden (zum Aushängen in Ladengeschäften, in Schulen, im Schaukasten der Gemeinde, ...).

▶ Materialeinkauf

Generell sollte man zur Durchführung eines Kinderaktionstages folgende Dinge zur Hand haben:
— ein Mikrofon,
— Papier und Stifte jeglicher Art, Klebeband, Reißzwecken, Schnur, Scheren und Klebstoff,

— Materialien:
für den Laubhüttenbau (Seite 43)
für die Bastelarbeiten (Seite 44–45)
für das Eintopfgericht (Seite 49): für 50 Personen benötigt man etwa die zwölffache Menge der Rezeptangaben
für das Stationenspiel (Seite 46–49).

▶ **Werkzeuge und Spielgeräte**
Als Werkzeuge werden besonders für den Bau der Laubhütten (abhängig von Art und Gestaltung) benötigt: Hammer, Tacker, Schraubzwingen, evtl. Fuchsschwanz oder Stichsäge, ...

Die Spielgeräte betreffend ist es immer sinnvoll, Bälle, Indiaca, ein Schwungtuch oder Ähnliches für Pausen etc. dabei zu haben.

■ Bausteine

Rollenspiel: Hanna, Beni und Steffen

Hanna und Beni, jüdische Geschwister, erzählen ihrem Freund Steffen, was das Laubhüttenfest für sie bedeutet, und was Gott für das Volk Israel getan hat. Die drei Kinder können dann im Laufe des Tages immer wieder auftreten.

Steffen: Hallo Hanna, sag mal wo ist denn Beni? Ich wollte ihn fragen, ob er Lust hat Fußball zu spielen.

Hanna: Beni kommt gleich wieder zurück. Er ist mit unserem Vater Holz kaufen gegangen. Aber ich glaube nicht, dass er Zeit hat um Fußball zu spielen.

Steffen: Warum denn nicht, hat er was Besseres vor?

Hanna: Ja, wir bauen mit unserem Vater eine Laubhütte.

Steffen: Was baut ihr?

Hanna: Eine Laubhütte. – Ach, da ist Beni ja. Hey Beni, habt ihr alles bekommen?

Beni: Ja, gleich nach dem Mittagessen können wir mit dem Bauen beginnen.

Steffen: Erzählt mal, was eine Laubhütte ist. Ist das wie mein Baumhaus?

Beni: Nein, bei uns Juden gibt es ein Fest, bei dem eine Laubhütte gebaut wird. In dieser Hütte feiern wir dann acht Tage lang. Wir stellen sie im Garten oder auf dem Balkon auf. Dort essen wir immer, und die Geschichte des Auszugs wird erzählt.

Steffen: Was, ihr zieht aus. Das finde ich aber schade.

Hanna: Nein, wir erinnern uns nur an den Auszug, der ganz weit zurück liegt. Du hast doch sicher schon vom mächtigen Pharao in Ägypten gehört. Dort hat unser Volk früher gelebt. Der Pharao gab den Menschen Arbeit, aber dann machte er sie zu Sklaven. Eines Tages wurde unseren Vorfahren die Last zu schwer. Tag und Nacht mussten sie in den Lehmgruben schuften. Viele starben, andere wurden

41

krank. Sie beteten und hofften, dass Gott helfen würde. Dann kam Mose und führte sie weg. Mitten durch das Meer. Hinaus in die Wüste, weit weg von den Ägyptern.

Steffen: Mose, den kenne ich auch. Dem hat Gott die Zehn Gebote gegeben.

Beni: Mose war klug. Er erzählte unseren Vorfahren immer wieder von dem Land, das ihnen Gott geben wollte. Und dies, obwohl es vierzig Jahre dauerte, bis sie ankamen. Er gab den müden Wanderern Hoffnung und sagte, dass alle dort Häuser haben und Früchte anbauen würden. Und als sie dann ankamen in dem Land, feierten sie jedes Jahr ein Erinnerungsfest – das Fest der Hütten und der Früchte.

Hanna: Deshalb feiern wir eine Woche lang in der Laubhütte.

Steffen: Das finde ich toll. Ist das ein Fest wie Ostern oder Pfingsten bei uns?

Beni: Nein, eher wie euer Erntedankfest. Auch unser Laubhüttenfest folgt auf die Erntezeit. Deshalb wird die Hütte mit Früchten und Blumen geschmückt. Wir hängen Trauben, Zitronen und Orangen auf. Da kann man immer naschen.

Hanna: Und es duftet auch gut. Dann binden wir noch einen Strauss aus Dattelpalmen, Myrten und Bachweidenzweigen. Der Strauss heißt »Lulaw«. Er wird jeden Morgen im Gottesdienst geschüttelt.

Steffen: Warum denn das?

Beni: Du weißt doch, dass wir hier in Deutschland leben und nicht in Israel, unserem eigentlichen Land. Deshalb soll der »Lulaw« sagen: wir sind wie die Bachweiden, die es auf der ganzen Welt gibt. Und trotzdem sind wir mit unserer Heimat verbunden, in der die Palme, die Myrthe und der Paradiesapfel wachsen.

Steffen: Was ist denn ein Paradiesapfel?

Hanna: Das ist eine Frucht, die nur im Land Israel wächst. Er duftet wie viele frische Zitronen.

Steffen: Das ist ja riesig. Sagt mal, wo baut ihr dieses Jahr eure Hütte?

Hanna: Wir bauen sie in unserem Garten.

Beni: Ja, es heißt, dass die Laubhütte jedes Jahr neu gebaut werden soll. Wir nehmen dazu Dachlatten und Sperrholz, außerdem Tücher und für das Dach Äste und Zweige. Denn man muss noch die Sterne durch das Dach sehen können.

Hanna: Ich freu mich, das wird eine lustige Woche. Wir werden fast alles in der Hütte machen: essen, spielen – nur zum Schlafen wird es wohl schon zu kühl sein.

Beni: Komm Steffen, wir fragen unseren Vater, der hat sicher nichts dagegen wenn du uns beim Bauen hilfst.

Hanna: O ja, dies ist ein Fest wo viele Freunde in die Hütte eingeladen werden. Komm doch mit.

Steffen: Dann könnt ihr mir ja noch mehr von diesem Fest erzählen.

(Dieses Gespräch kann entsprechend gekürzt oder fortgesetzt werden.)

■ Bastelideen

Bau einer Laubhütte

Für den Bau einer »Sukka« gibt es im Judentum genaue Vorschriften. So soll das Dach z.B. so dicht sein, dass es bei Sonne Schatten bietet und so locker, dass man bei Nacht die Sterne sehen kann. Für die Größe gibt es Mindestmaße, das Baumaterial muss bestimmten Angaben entsprechen. Diese Vorschriften kümmern uns für den Kinderaktionstag allerdings nicht, da wir ja nur symbolhaft deutlich machen wollen, wie das Laubhüttenfest gefeiert wird. Bei der Verwendung des Materials und beim Bau kann improvisiert werden und der Phantasie sind in der Ausgestaltung keine Grenzen gesetzt. Üblicherweise helfen die Kinder beim Bau und der späteren Ausgestaltung der Hütten mit. Je nach zeitlichem Aufwand ist es sinnvoll, dass die Mitar-

beiter den Bau der Hütten bereits – als Bausatz – vorbereitet haben. So können z.B. die Dachlatten bereits gekennzeichnet sein.

Material: Dachlatten, Stangen (evtl. Zeltstangen), Sonnensegel, Partyzelt, Tücher, Kartonagen, Äste und Zweige, Leitern, Bastmatten, Lackfolie, ...

Werkzeug: Hammer, Nägel, Tacker, Schnur, Schraubzwingen, Klebeband, ...

Gestaltung: Wenn die Hütte steht, kann sie mit Blumen, Bildern, Collagen usw. geschmückt werden. Je nach Größe der Hütte können Tisch und Stühle hineingestellt werden.

Das Grundgerüst dieser Hütte besteht aus Dachlatten, die mit Streben als Querverbindung verstärkt und befestigt sind.
Die Wände sind aus Stoff bzw. Lackfolie, die auf die Latten getackert wurden.
Das Dach wird aus Zweigen und Ästen oder einfach mit einer Bastmatte gedeckt.

Einfachere Variante:

Das Grundgerüst wird hier aus Stangen oder Astgabeln erstellt und mit Schnur fixiert. Das Dach besteht aus Ästen und Zweigen, die seitlichen Wände bleiben offen oder werden mit Tüchern verhängt.

Buchrolle

In besonderen Büchern, den Schriftrollen, wurde die Geschichte des Volkes Israel aufgeschrieben. Sie enthalten die fünf Bücher Mose: Genesis, Exodus, Levitikus, Numeri, Deuteronomium (die Thora).
Im Gottesdienst in der Synagoge wird aus diesen Schriften vorgelesen.

Material

▷ 2 runde Holzstäbchen mit 5mm Durchmesser (Länge je nachdem wie groß die Rolle werden soll 20 – 30 cm),

▷ 4 große / 2 kleinere Holzkugeln mit einem Loch von 5 mm Durchmesser, 1 Blatt Tonpapier (oder stärkeres Papier wie z.B. Papyrus)

▷ Bleistift / Holzleim / Lineal / Schere / evtl. Klebeband

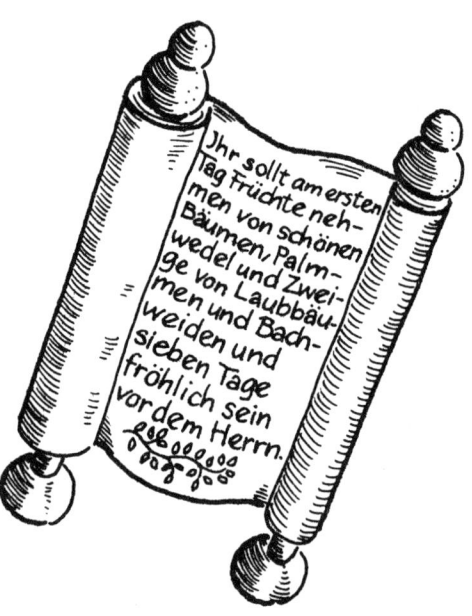

Die Enden der Stäbchen werden mit Holzleim bestrichen, dann steckt man die Kugeln darauf und lässt den Leim trocknen. Nun misst man die Höhe des Papiers, das zwischen die Kugeln passt, und schneidet ein langes Stück ab. Es ist am einfachsten, das Papier mit ein wenig Klebeband am Holzstäbchen zu fixieren. Um das Klebeband zu verdecken, wird auf einen ca. 4 cm breiten Streifen des Papiers etwas Leim gegeben und dieses dann um die Rolle gewickelt. In gleicher Weise geht man mit dem zweiten Holzstäbchen und dem anderen Ende des Papiers vor. Nun kann die Schriftrolle von beiden Seiten aufgerollt und wenn man möchte, beschriftet werden (z.B. Psalm 23).

Gebetsriemen – »Tefillin«

Die Tefillin sind kleine lederne Gehäuse, die mit Hilfe von Lederriemen an der Stirn und der linken Hand befestigt werden. In diesen Gehäusen werden kleine Pergamentrollen aufbewahrt, die mit verschiedenen Abschnitten der Thora beschriftet sind (Texte sind z.B. 2 Mose / Exodus 13,1-10 / 5 Mose / Deuteronomium 6,4-9). Die Tefillin werden von den Männern beim Morgengebet getragen.

Material

▷ 1 Stück Leder oder schwarzen Filz (ca. 15 x 15 cm),

▷ festen schwarzen Faden (für die Nähte und evtl. als Kordel),

▷ evtl. Lederschnur,

▷ Tonpapier (oder ähnliches festes Papier für die Papierrolle im Beutel),

▷ Bleistift / Lineal / Schere / dicke Nadel / Lochzange.

Das Leder- oder Filzstück wird entsprechend der Vorlage zugeschnitten. Nun werden beide Teile aufeinander gelegt und bis auf eine kurze Seite zusammengenäht. Auf ein Stück Papier, das von der Größe genau in den Beutel passt wird ein Bibelvers oder Gebet geschrieben. Das Papier wird im Anschluss zusammengerollt, evtl. gefaltet und mit Faden umwickelt. Dann wird es in den Beutel gelegt, dessen noch offene Seite nun auch zusammengenäht werden kann. Mit einer Lochzange stanzt man an den Enden des Unterteils je ein Loch hinein, damit entweder die Lederschnur oder eine geflochtene Kordel durchgezogen und befestigt werden kann.

Die Vorlage kann entsprechend vergrößert werden.

Spiele im Lederbeutel

Auf dem Weg durch die Wüste gab es sicherlich kaum Spielzeug. Vielleicht hatten sie ganz einfache Spiele, die praktisch im Lederbeutel zu transportieren waren.

Material

▷ Leder (ca. 25 x 25 cm) / Lederschnur oder Kordel,

▷ Steine, Holzscheiben, ... können als Spielsteine genutzt werden,

▷ Bleistift / Schere / Lochzange / Eddingstift / evtl. Brenngerät (für Dekorarbeiten auf Holz, Leder, ...) / Zirkel.

Mit einem Zirkel oder runden Gegenstand wird in der gewünschten Größe ein Kreis auf das Leder gezeichnet und ausgeschnitten. Mit einem Eddingstift oder einem Brenngerät wird nun die Spielfläche (z.B. Mühle) auf der Innenseite des Leders aufgetragen. Entlang des Randes werden in regelmäßigen Abständen mit der Lochzange Löcher gestanzt, damit die Lederschnur durchgezogen werden kann. Als Spielsteine können verschiedenfarbige Steine, bemalte oder mit dem Brenngerät gebrannte Holzscheiben, Knöpfe usw. genommen werden.

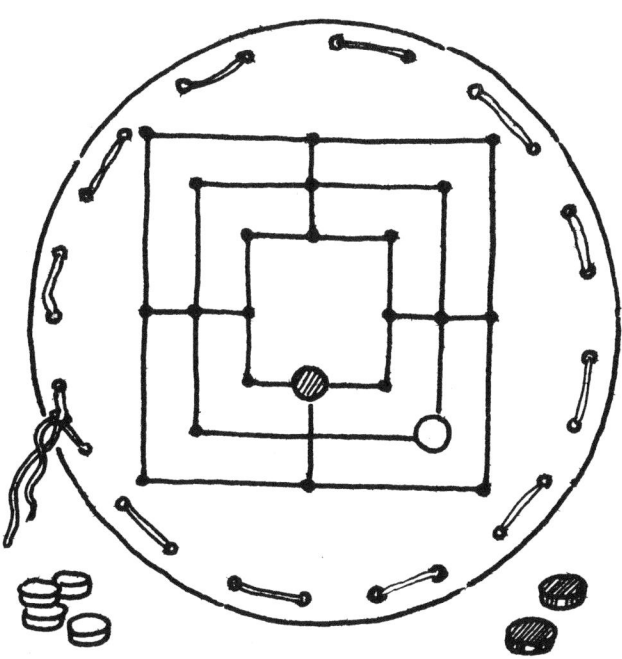

■ Spiele

Spiele zu Beginn und zur Gruppeneinteilung

A *Gleiche Merkmale finden*

Zur Gruppeneinteilung wird von einem Mitarbeiter / einer Mitarbeiterin ein Merkmal gerufen, während alle durch den Raum gehen. Ruft er z.B. »Augenfarbe«, so müssen sich alle mit der gleichen Augenfarbe finden und zusammenstellen. Das kann etwas Sichtbares sein (z.B. Schuhgröße, Haarfarbe, Brillenträger, Farbe des T-Shirts) oder auch ein unsichtbares Merkmal (z.B. Geburtsmonat, Haustier, Lieblingsfach).
Ein kurzes, lebhaftes Spiel, bei dem die einzelnen Teilnehmer wahrgenommen werden und andere in einer Kleingruppe kennen lernen.

B *Familie Meier*

Ein Mitarbeiter verteilt Zettel, auf denen Familiennamen, die ähnlich klingen (z.B. Meier, Schreier, Leier, Weiher, ...) stehen und evtl. zusätzlich noch Familienrollen (Vater, Mutter, Onkel, ...). Alle gehen nun umher und tauschen ständig schnell ihre Zettel. Bei »Stopp« sollen sich durch Zurufen der Namen die Familien finden.
Ein kurzes Spiel (bis zehn Min.), das für die endgültige Gruppeneinteilung des Tages gut geeignet ist, da das Thema Familie anklingt.

Stationenspiel – »Israels Wüstenwanderung«

Die Anzahl der Gruppen (bei ca. 50 Teilnehmern) ist abhängig von Mitarbeitern und Stationen. Je nachdem, welche Spiele und Aktionen an den einzelnen Stationen durchgeführt werden, ist eine Gruppengröße von etwa acht bis zehn Personen sinnvoll. Pro Spielstation kann etwa mit zehn Minuten gerechnet werden.

▷ *Material:* Jede Gruppe benötigt Papier und einen Stift.

▷ *Räumliche Gegebenheiten:*
A Gut geeignet ist das Gemeindehaus / Freizeitheim mit Garten oder Wiese. Die Stationen können in diesem Fall sowohl im Haus als auch im Freien sein. Unter anderem werden die am Vormittag gebauten Laubhütten miteinbezogen.
B Das gesamte Spiel kann allerdings auch erweitert und die Stationen auf den gesamten Ort oder das umliegende Gelände ausdehnt werden. Dementsprechend müssen die einzelnen Gruppen von den Mitarbeitern Hinweise bekommen, wie sie zur nächsten Station finden können. Dies kann durch eine klare Wegbeschreibung geschehen oder auch durch eine Aufgabe, die zunächst gelöst werden muss (z.B. Quizfragen, deren Antwort die Lösung ergibt).

▷ *Spielstationen:*

A *Parcour durchs Schilfmeer*

Das Volk Israel zieht auf seiner 40-jährigen Wanderung durchs Schilfmeer. Je die Hälfte der Spieler stehen sich im Abstand von ca. 15 m gegenüber und werden im Schubkarren von jeweils wechselnden Fahrern hin und her trans-

portiert. Dabei darf der Fahrer erst loslaufen, wenn er zunächst Schwimm-flossen, Taucherbrille, Schwimmflügel, ... angezogen hat. Jede abgelieferte Fuhre zählt. Zur Erschwerung ist in die Strecke ein leichter Slalom einge-baut.

— *Wertung:* Nachdem das Spiel erklärt ist, haben die Teilnehmer fünf Minu-ten Zeit. Nur wer, ohne herausgefallen zu sein, ankommt, bekommt Punkte.
— *Material:* Schubkarren, Schwimmflossen, Taucherbrille, Schwimmflügel, Stoppuhr, Kegel oder Ähnliches für Slalomstrecke.

B *Manna für das Volk Israel*

In der Wüste wurde das Volk Israel von Gott mit Manna und mit Wachteln gespeist.

An dieser Station gibt es Lebensmittel, die erraten werden müssen: In einem Sack (oder einer großen, undurchsichtigen Plastiktüte) befinden sich viele verschiedene Früchte (Trauben, Äpfel, Zwetschgen, Zitronen, Kastanien, Bucheckern, Kürbis, Gurke, Rettich, ...), die es zu tasten und erraten gilt (Kim-Spiel).

— *Wertung:* Jede richtig geratene Frucht gibt einen Punkt.
— *Material:* Sack / Tüte, viele verschiedene Früchte

C *Das Land, in dem Milch und Honig fließen*

Kanaan, das Land, das Gott den Israeliten versprochen hat, wurde so be-zeichnet. Ein Land, in dem Milch und Honig fließen, hat gutes Essen zu bieten.

An dieser Station werden je nach Zeit »Hamantaschen« (Teig und Füllung muss bereits vorbereitet sein) gebacken oder Obstsalat geschnitten.
Nach dem Spiel, wenn die gesamte Gruppe wieder zusammen kommt, kön-nen der Obstsalat oder die süßen Taschen serviert werden.

— *Material:* Für die Hamantaschen (siehe Rezept Seite 50), Obst für Obst-salat, mehrere Messer und Brettchen.

D *Welche Person gehört zu Abraham?*

Ganze Volkssippen sind auf der Wanderung durch die Wüste. So war es einst.

Spielform:
Auf vielen verschiedenen Kärtchen stehen Namen von biblischen Personen. Nun sollen die Paare (Ehepaare / Vater-Sohn), evtl. mit der Bibel als Hilfsmit-tel, einander zugeordnet werden. Zur Vereinfachung können die Karten zwei verschiedene Farben haben.

Isaak – Rebekka	Jakob – Juda, Ruben ...
Abraham – Sara	David – Salomo
Mose – Zipora	Adam – Kain, Abel
Boas – Ruth	Noah – Sem
Adam – Eva	Abraham – Ismael
Jakob – Lea	Isaak – Esau

— Wertung: Jedes richtig geratene Paar gibt einen Punkt.
— Material: beschriftete Kärtchen

47

E Wer hat Angst vorm Wüstenfuchs?

Das Volk Israel musste sich immer wieder vor wilden Tieren schützen.

Dieses Spiel erfordert Geschicklichkeit. Der zu besiegende Feind ist ein Luftballon. Dieser ist während der Fahrt auf dem Skateboard zu treffen.
Einer stellt sich – mit einem Dartpfeil bewaffnet – auf ein Skateboard und darf den Boden dann nicht mehr berühren. Die Gruppe schiebt ihn an. Noch während der Fahrt wirft der Spieler den Pfeil auf einen Ballon. Bei jedem Versuch ist ein anderer Teilnehmer dran.

— *Wertung:* Es zählt die Summe aller in fünf Minuten »erlegten« Ballone.
— *Material:* Skateboard, Dartpfeile, Luftballons, Schnur mit Wäscheklammer (um den Ballon zu befestigen), Stoppuhr

F Musik liegt in der Luft

Auf ein bekanntes Lied muss mit einigen Wörtern als Vorgabe (z.B. Fest, Laubhütte, grün, Traube, ...) eine neue Liedstrophe getextet werden. Jede Gruppe trägt später in der gemeinsamen Runde ihren Beitrag vor.

G Lasst uns Hütten bauen

Entsprechend zum Laubhüttenfest werden hier
a) zum einen verschiedene biblische Bauwerke gesucht,
b) zum anderen dreht sich alles rund um die Früchte.
Mit Hilfe einer Bibel muss Folgendes gesucht werden:

BAUWERKE

- 1 Mose / Genesis 11   Turm(bau)
- Esra 1   Haus (für Gott)
- Psalm 91   Burg
- 3 Mose / Levitikus 23,42   Laubhütten
- Josua 18,1   Stiftshütte
- Richter 6,2   Höhlen, Festungen
- Psalm 122,7   Palast
- 2 Samuel 11,11   Zelt, Haus

FRÜCHTE

- 4 Mose / Numeri 11,5   (Fische), Kürbisse, Melonen, Lauch, Zwiebeln, Knoblauch
- Joel 1,12   Weinstock, Feigenbaum, Granatbäume, Palmbäume, Apfelbäume
- Rut 2,17   Gerste
- Jeremia 24,2   Feigen

— *Wertung:* Jede richtige Antwort gibt einen Punkt.
— *Material:* Bibel.

H Wir schlagen unsere Zelte auf

Immer wieder aufs Neue mussten die Israeliten ihre Hütten aufbauen.

Auch wir sind Baumeister, müssen zupacken: In der zur Verfügung stehenden Zeit (fünf Minuten) sind möglichst viele Nägel mit möglichst wenigen Schlägen ganz zu versenken. Nach jedem versenkten Nagel kommt der nächste Mitspieler / die nächste Mitspielerin dran.

— *Wertung:* Pro versenkten Nagel gibt es fünf Punkte. Die benötigten Schläge werden mitgezählt und am Ende von der Punktzahl der versenkten Nägel abgezogen.

— *Material:* Nägel (»70er«), Hammer, Balkenstück (etwa 15 x 15 x 100 cm), Stoppuhr.

I Essensausgabe in der Wüste

Das Volk Israel hatte immer genügend zu essen, auch wenn die Beschaffung des Essens manchmal schwierig war.

Dass Hindernisse zu bezwingen sind, wird in diesem Spiel gezeigt: Nacheinander läuft jeder Teilnehmer einen bestimmten Parcour, der verschiedene Hindernisse aufweist, die es zu überwinden gilt. Am Ziel befindet sich ein Schokokuss, der ohne Hilfe der Hände zu essen ist. Nachdem er verspeist ist, pfeift der Teilnehmer zum Zeichen dass der Nächste starten kann.

— *Wertung:* Hier zählt die Zeit, die von der Gruppe insgesamt benötigt wird.

— *Material:* Schokoküsse, Stoppuhr

J Handwerk in der Wüste

Während der Wüstenwanderung wurde auch handwerklich gearbeitet, denn Schuhe gingen kaputt, Bänder rissen und oder die Kinder brauchten Spielzeug.

An dieser Station kann eines der Bastelangebote (z.B. Spiele im Lederbeutel) durchgeführt werden, wobei etwas mehr Zeit benötigt wird.

— *Material:* Siehe Bastelangebote Seite 44–45

■ Rezepte

Ein Eintopfgericht (für ca. 4 Personen)

...wie ihn das Volk Israel auf dem Weg durch die Wüste gegessen haben könnte.

Zutaten:

1 Zwiebel
2-3 Knoblauchzehen
2 Stangen Lauch
2-3 Karotten
300g Linsen
1 Messersp. Kreuzkümmel
Koriander
3 Esslöffel Olivenöl
Pfeffer
Salz
Wasser
Petersilie

Zwiebeln und Knoblauch werden geschält und fein geschnitten. Die Lauchstangen waschen und in dünne Streifen schneiden. Karotten ebenfalls waschen und in Scheiben schneiden. Koriander und Kreuzkümmel in einen mit Öl erhitzten Topf geben. Etwa eine Minute lang umrühren, dann Zwiebel und Knoblauch hinzufügen und etwa fünf Minuten lang andünsten. Die Linsen, Lauch und Karotten hinzufügen und gut unterrühren. Danach Salz und Wasser zugeben und bei niedriger Hitze ca. 40 Minuten lang leicht kochen lassen. Eventuell muss Wasser nachgegossen werden. Zum Schluss nochmals abschmecken und die geschnittene Petersilie darüber streuen.

Der Eintopf schmeckt besonders lecker mit Brot (Fladenbrot) und einer Joghurt-Creme (Joghurt, Gurke, Minze).

Hamantaschen

(Sie werden üblicherweise eher am Purimfest gegessen. Rezept erstmals erschienen und entnommen bei: www.talmud.de/rezepte.htm)

Zutaten:

Eine Prise Salz
500 g Mehl
2 Eier
150 g Puderzucker
50 ml Milch (lauwarm)
ein Würfel Hefe
250 g Butter
ein Becher Quark
ein Esslöffel Zucker
Trockenfrüchte
z.B. Aprikosen

Hefe mit Milch und einem Esslöffel Zucker auflösen. Zusammen mit den restlichen Zutaten wird ein elastischer Teig hergestellt, wenn nötig, dann noch zusätzlich etwas Mehl hinzugeben. Den Teig abgedeckt eine Stunde gehen lassen. Den Teig dünn ausrollen und in Quadrate schneiden. In die Mitte des Quadrates einen Esslöffel Füllung geben. Spitzen zusammennehmen und mit dem Finger zu Pyramiden verkleben. Nach dem Füllen auf einem Backblech nochmals 45 Minuten gehen lassen. Etwa 15 Minuten backen. Mit Puderzucker bestreuen.

Füllung: Trockenfrüchte: Über Nacht in Wasser einweichen. Danach fein pürieren und mit Zitronenaroma, geriebener Zitronenschale oder Zimt abschmecken.

■ Lieder

»Hewenu schalom alejchem / Wir wünschen Frieden euch allen« (EG 433; LJ 244)

»Hinne ma tov / Ach, ist das schön« (LJ 472)

»Ich lobe meinen Gott« (EG 611 Regionalteil Württemberg; LJ 560)

»Ja, Gott hat alle Kinder lieb« (LJ 572)

»Komm, bau ein Haus« (LJ 582; SL 202)

»Miteinander essen« (siehe Seite 72)

»Schalom chaverim / Der Friede des Herrn« (EG 434; LJ 245; SL 292)

»When Israel was in Egypt's land / Als Israel in Ägypten war« (EG 604 Regionalteil Württemberg; LJ 436)

»Wie ein Fest nach langer Trauer« (EG 660 Regionalteil Württemberg; LJ 636)

»Wir pflügen, und wir streuen« (EG 508; LJ 300)

»Wir sind Kinder einer Erde« (LJ 644)

»Wir singen vor Freude« (LJ 431)

Weiterführende Literatur

Yaffa Ganz, Pessach, Verlag Morascha, Basel, Zürich, 1997, dtsch. Ausgabe: Verlag Morascha, Holbeinstr. 40, CH 4051 Basel

Marc-Alain Ouaknin u. Laziz Hamani, Symbole des Judentums, Bechtermünz Verlag, Augsburg 1999

Lois Rock, Bibelbastelbuch – Die Zeit Jesu wird lebendig im Basteln, Kochen, Kleben, Nähen, Spielen, Verlag Katholisches Bibelwerk, Stuttgart 1999

Walter Rothschild, 99 Fragen zum Judentum, Gütersloher Verlagshaus, 2001

Monika Tworuschka, Kinder erleben die Weltreligionen, Gütersloher Verlagshaus, 1999

Rachel Heuberger/Regina Schneider, Koscher Kochen, 36 Klassiker der koscheren Küche, Eichborn-Verlag, Frankfurt 1999

Brigitte Messerschmidt, Ein Licht auf unserem Weg, Geschichten zu jüdischen Festen, hrsg. von: Rheinischer Verband für Kindergottesdienst, Graf-Recke-Straße 209, 40237 Düsseldorf

Internetadressen:

www.hagalil.com
www.talmud.de
www.service@talmud.de

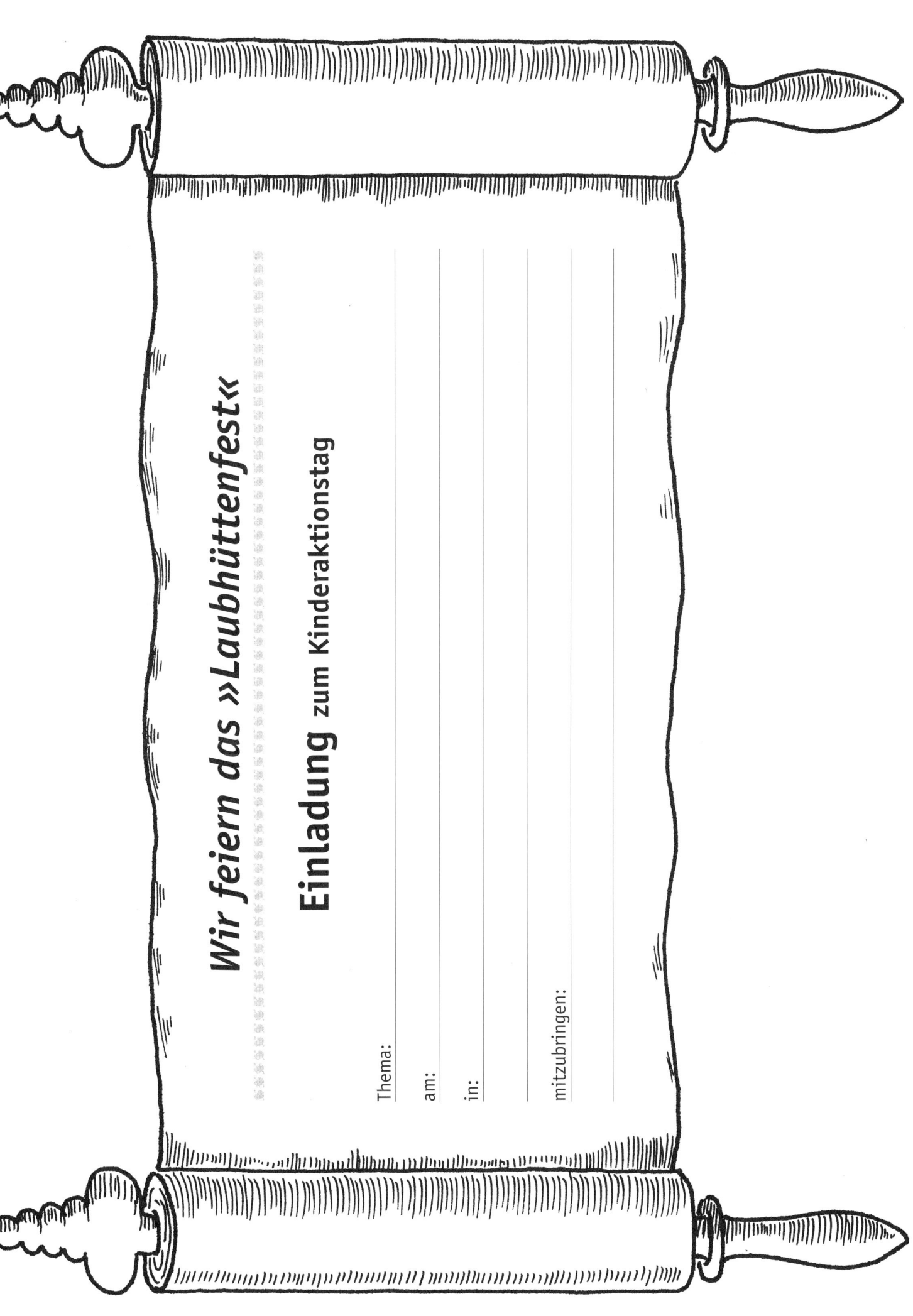

Wir feiern das »Laubhüttenfest«

Einladung zum Kinderaktionstag

Thema:

am:

in:

mitzubringen:

Familienfeste

Kommunion feiern:
Ein Fest, das die Eltern gestalten

Ein Familientag rund um das Thema »Erstkommunion«

Andrea Schumacher-Vogel, Pia Biehl

Zum Thema

■ Hinführung

Erstkommunion – an was denkt man dabei?

In erster Linie denkt man an den Weißen Sonntag, an Kirche, Eucharistie, Gabenbereitung, weiße Kleider und schöne Anzüge, festliche Stimmung, gutes Essen, an Geschenke ...
Etwa so ist die Reihenfolge und der Inhalt. Dem Einen ist der Festtagsbraten wichtig, bei dem Anderen stehen die Geschenke im Vordergrund und mancher freut sich besonders auf den »Feiertag« in der Kirche. Aus kirchlicher Sicht liegt natürlich auf diesem Aspekt der wichtigste Schwerpunkt. »Erstkommunion« ist und sollte im Lebenslauf eines Katholiken einen ganz besonderen Stellenwert erhalten. »Das erste Mal am Tisch des Herrn«, das erste Mal zur heiligen Kommunion gehen, stellt sicherlich für alle, die das erlebt haben, eine besondere Erinnerung dar, die man sich immer wieder einmal in sein Bewusstsein holen kann.

Erstkommunion – in der Gemeinde vorbereitet

Ein Weg der Begleitung »ihrer« Kinder auf diesem »Glaubensweg« soll hier vorgestellt werden. Ein *Familientag* und die praktischen Aspekte bei der Planung und Durchführung mit den Kommunionkindern und deren Eltern. Ein Tag, an dem die Eltern mit dem Inhalt der Erstkommunion und den verschiedenen Möglichkeiten des Feierns zu Hause vertraut gemacht werden sollen. Aber auch ein Tag, der die Eltern und die Kommunionkinder die Gemeinschaft erleben lassen soll.
Über die Vorbereitung der Erstkommunion und über den hier erläuterten Familientag wird für manche der Kontakt zur Kirchengemeinde wieder neu geschaffen. Ganz konkrete Anregungen dazu finden sich auf den nächsten Seiten unter Themenbereichen wie Planung im Vorbereitungsteam, Einladungen, Mahlzeiten, thematische Gruppenarbeit und die Vorbereitung eines Abschlussgottesdienstes. Auch liefert dieses Kapitel Tipps, die während des Familientages an die Eltern weitergegeben werden können. Ganz besonders aber soll dem Planungsteam Mut gemacht werden, einen solchen Tag in der Gemeinde anzupacken und zu organisieren.

Erstkommunion – ein Schritt zum eigenen Glaubensweg

Der Familientag ist als eine Ideenbörse für Erfahrungen und Denkanstöße gedacht. Es geht nicht um große Theologie, sondern um die Planung eines Familientages rund um den Weißen Sonntag.
Die besondere Gruppenzugehörigkeit der Kommunionkinder kann sich sehr schön in einem »Leitthema«, in einem Motto und / oder einem passenden Logo wiederspiegeln, und dient als Erinnerung an den Familientag. Es kann Motivation auf dem Weg zu Gott und zum christlichem Glauben werden.

Zeitplanung und Organisation eines Familientages

Verlauf

VORBEREITUNG

▶ **Vorbereitungsteam**
Personen, Überlegungen im Vorfeld, Ziele

▶ **Terminplanung / Ort / Zeitraum**
Termin für Aktionstag, Festlegung des Ortes, zeitlicher Rahmen

▶ **Einladung / evtl. Rückantworten**
Einladungen zum Aktionstag, an wen, wann? Anzahl der Personen, Inhalt der Einladung, Rückantworten

▶ **Gemeinsame Mahlzeit**
Vorbereitung und Logistik für gemeinsame Mahlzeiten

DURCHFÜHRUNG

▶ **Ankommen / Stehkaffee**

▶ **Runde zum gegenseitigen Kennenlernen**

▶ **Brainstorming / Zielvorstellung des Familientages**
Vorstellung der Ziele und Ausrichtung des Aktionstages; Themenerarbeitung für Diskussionen

▶ **Thematische Arbeiten / Gruppenarbeit**
Gruppenarbeit, Diskussionsgruppen für die Eltern / Workshops für die Kinder

▶ **Gemeinsames Mittagessen**

▶ **Vorbereitung der Erstkommunion zu Hause mit praktischen Tipps für die Eltern**
Einzelne Themen: Termin der Erstkommunion, Kleidung der Kommunionkinder, Essen bei der Feier der Erstkommunion, Einladungen zum Weißen Sonntag, Tagesablauf einer Erstkommunionfeier, Tischschmuck, Geschenke, Spiele zu Hause, Gebete, Danksagungen

▶ **Parallelangebote**
Vorbereitung der Abschlussandacht / des Abschlussgottesdienstes
TATkräftige Unterstützung der Kinder bei ihren Aktionen

▶ **Für die Kinder Fortsetzung der Workshops**

▶ **Abschlussrunde**
Reflektion mit allen Teilnehmer/-innen

▶ **Abschlussandacht / Abschlussgottesdienst**

▶ **Nachbereitung / Ergebnisse / weitergehende Aktionen**
Erfahrungsaustausch, Resümee, Ergebnisabfrage,
weitergehende Aktionsvorschläge.

■ Bausteine

Nun folgen Bausteine für einen Familientag, der sich rund um das Thema »Erstkommuniontag« dreht. Breiten Raum nimmt der Punkt ein, der sich mit der Planung, Durchführung und Gestaltung des Erstkommuniontages in der Familie beschäftigt. Diese Anregungen wollen den Eltern Hilfestellung geben, was alles zu beachten und zu bedenken ist. Sicherlich können nicht alle Anregungen an einem solchen Tag ausführlich besprochen werden, das würde den Rahmen sprengen. Es können Schwerpunkte gesetzt werden, Workshops angeboten und die restlichen Informationen in schriftlicher Form zugänglich gemacht werden.

VORBEREITUNG

▶ Vorbereitungsteam

Eine wichtige Vorüberlegung ist, welche Personen zur Mithilfe bei einem Familientag zur Verfügung stehen. Helfer/-innen können persönlich angesprochen oder über Gemeindebriefe o.ä. gesucht werden. Wie groß soll das Vorbereitungsteam sein? Nicht immer ist die Anzahl der Personen entscheidend, das »Miteinander« ist viel wichtiger. Was soll erreicht werden, welches Ziel ist oder wird gesteckt? Mit klaren Vorstellungen kann man eher jemanden ansprechen. Sinnvoll ist es, einen offiziellen Vertreter der Gemeinde im Team zu haben oder zu informieren zwecks Termin- und Raumabsprachen u.ä.

▶ Terminplanung / Ort / Zeitraum

Welcher Termin für den Familientag kommt in Frage? Günstig ist ein Zeitpunkt im ersten Drittel der Kommunionvorbereitung der Gemeinde, so dass allen Beteiligten noch möglichst viel Zeit bleibt bis zur Erstkommunion, um das Gehörte und Erlebte auch umsetzen zu können.

An Termin- und Raumabsprache mit dem Pastor/Seelsorger oder sonstigen Verantwortlichen ist zu denken. Die Räumlichkeiten sollten Möglichkeiten für Spiele, Gruppenarbeit, gemeinsame Mahlzeiten etc. offen lassen. Regenwetter mit einplanen! Die Gruppengröße und der Zeitrahmen muss bedacht werden. An welchem Wochentag soll diese Aktion stattfinden – muss es ein Werktag sein oder bietet sich nicht z.B. ein Samstag an? Welche Vorbereitung des Raumes und der Aktivitäten sind nötig? Was braucht man hierzu? Sind genügend Leute bereit, im Vorfeld bei der Vorbereitung mitzuhelfen?

▶ Einladung / evtl. Rückantworten

Einladungen ca. vier Wochen vor dem geplanten Termin an alle Eltern verschicken. Wer wird eingeladen, für wen ist dieser Tag bestimmt? Sollen außer den Eltern und den Kommunionkindern auch Geschwisterkinder eingeladen werden? Ist eine zusätzliche Betreuung z.B. für kleine Kinder nötig? Wer übernimmt diese?

In der Einladung sollten Ausrichtung (z.B. Praxisbezug), Zielsetzung, Inhalte und der zeitliche Rahmen des Familientages benannt werden.

Steht die Kommunionvorbereitung in Ihrer Gemeinde schon unter einem bestimmten Motto? Dann ist es schön, wenn dieses in irgendeiner Form in der Einladung auftaucht.

Soll die Anzahl der Personen (Erwachsene, Kommunionkinder, Geschwisterkinder) über Rückantworten geklärt werden? Damit ist dann auch die Möglichkeit gegeben, Ideen, Engagement und Mitarbeit interessierter Eltern abzufragen.

Eine zusätzliche Veröffentlichung des Termins für den Familientag im Gemeindebrief und evtl. in der örtlichen Presse ist zu überlegen. Positives Presseecho hat oft sehr nachhaltige Wirkung.

▶ Gemeinsame Mahlzeit

Essen mit einer großen Gruppe ist insbesondere für Kinder immer reizvoll, deshalb kann eine gemeinsame Mahlzeit beim Familientag angeboten werden. Ein einfaches Essen, das vorbereitet werden kann: Grillen; Erbsensuppe; belegte Brötchen; evtl. Pizza; Brühwürstchen und Salat; Kuchen o.ä.

Sind genügend Getränke bestellt, gibt es ausreichend Besteck, Teller, Servietten? Je nach Essen an Brötchen, Brot, Kaffee, Zucker, Ketchup, Senf etc. denken.

Stehen genügend Töpfe, Backöfen, Backbleche, Kaffeemaschinen, Grills bereit? Wer kauft ein? Wer grillt, kocht, hilft beim Bedienen? Kann Suppe, Pizza o.ä. fertig / warm bestellt werden? Wer holt / bringt die Sachen und was kostet das? Stimmt die Logistik?

Kostenbeteiligung bzw. -Übernahme mit Kirchengemeinde klären, evtl. eine Kostenbeteiligung der Eltern für Essen und Getränke ansetzen.

DURCHFÜHRUNG

Wichtig für die Durchführung eines Familientages ist vor allem der Blick auf die zeitliche Gestaltung. Gemeinsames Essen und Diskussionsrunden dauern oft länger als ursprünglich eingeplant. Deshalb den Tag nicht zu voll packen und lieber etwas Spielraum lassen. Sinnvoll ist es, den Zeitplan für alle sichtbar auszuhängen und auf feststehende Elemente, wie Essenszeiten oder Gottesdienst / Andacht schon zu Beginn des Tages hinzuweisen.

So könnte der Ablauf eines Familientages aussehen:

▶ Ankommen und Stehkaffee

▶ Runde zum Kennenlernen

Um die Namen der Teilnehmer kennen zu lernen, können am Beginn des Aktionstages Anstecker verteilt und mit Namen beschriftet werden. Auf den Ansteckern kann sich auch das Leitthema / Motto widerspiegeln. Kennenlernspiele sollten allen Spaß machen, sowohl Kindern als auch Erwachsenen und zum Anlass und Personenkreis passen. Lassen Sie doch einmal die Kinder ihre Eltern und die Eltern ihre Kinder vorstellen. Auch Ballspiele, bei denen man den Namen des Mitspielers zurufen muss, gibt es. Wichtig ist nur, dass das erste Eis gebrochen wird und man sich in der Gruppe etwas kennen lernt.

▶ Brainstorming / Zielvorstellung des Familientages

»Was soll das eigentlich hier werden?« Das ist vielleicht die am meisten gestellte Frage, die zu hören sein wird. Deshalb sollten nach der Begrüßung den Eltern erst einmal Ideen, Motivation und Ziele zum Familientag vorgestellt werden: Warum wird dieser Tag angeboten?

Brainstorming oder hochdeutsch »Gedankensturm« als attraktiver Aufhänger für verschiedene Arten von Veranstaltungen sei hier kurz erläutert. Man nähert sich einem Thema, indem jeder seine Zielvorstellung hierzu äußern kann. Teilnehmer / Eltern schreiben Stichwörter zum Diskussionsthema auf. Diese werden an einer Pinnwand aufgehängt. Meist lassen sich schnell ein oder mehrere Hauptthemen entdecken, etwas, das allen unter den Nägeln brennt.

57

Nun sollte eine Reihenfolge der Themen festgelegt werden, je nach Häufigkeit der Nennung, und diese diskutiert werden.

Die Fragen »Warum Erstkommunion für mein Kind?«, »Welchen religiösen Hintergrund haben wir oder ist es pure Tradition?«, »Ist es ein Fest des Glaubens oder eine gute Möglichkeit einmal so richtig groß zu feiern?«, könnten ein provozierender Aufhänger für eine Diskussion oder eine Gesprächsrunde sein. Vielleicht kann jemand aus dem Seelsorgeteam (Pfarrer, Gemeindereferent/-in, Katechet/-in) in dieser Runde den kirchlichen Hintergrund erklären.

▶ Thematische Arbeiten / Gruppenarbeit / Workshops

Thematische Arbeit, Diskussionen, Bastelarbeiten, Spiele oder Gesang können sowohl in Kleingruppen als auch mit der ganzen Gruppe erfolgen. Den Kindern könnte eine Art Workshop angeboten werden. Gibt es bereits ein Motto für die Kommunionvorbereitung? Dann bietet es sich an, mit diesem Motto zu arbeiten, etwa beim Verzieren von Kerzen oder Bedrucken von T-Shirts. Das Thema könnte bildlich für die Kirche umgesetzt werden.

Vielleicht wollen Kinder und Erwachsene auch Musik machen, spielen, basteln, bauen.

Viele Ideen und Vorschläge finden Sie unter »Inhaltliche Vorschläge« auf den Seiten 62–63.

▶ Gemeinsames Mittagessen

Das haben sich alle nach einem intensiven Einstieg in den Familientag verdient. Übrigens können die Dienste rund ums Tischdecken, Abräumen und Spülen mit Hilfe eines Spiels gerecht unter allen Anwesenden aufgeteilt werden. Lassen Sie schon in der Vorstellungsrunde einen Korb mit verschiedenen Sorten Bonbons (pro Dienst eine Sorte) herumreichen. Jeder nimmt sich ein Bonbon und ist, je nach Bonbonsorte, zum Tisch decken, Abräumen oder Spülen eingeteilt. Aus taktischen Gründen sollte man das aber erst nach dem Austeilen verraten.

▶ Fortführung der Workshops für die Kinder

▶ Vorbereitung der Erstkommunion zu Hause mit praktischen Tipps für die Eltern

Viel ist zu bedenken rund um die Erstkommunion, sei es bei der Vorbereitung auf diesen großen Tag, oder bei der Durchführung und Gestaltung des Festes. Die folgenden Punkte sind als Hilfestellung für all das gedacht, was wichtig sein kann und zum Gelingen des Tages beiträgt. Sicher können nicht alle Punkte mit den Eltern in aller Ausführlichkeit besprochen werden. Daher ist es ratsam, eine Checkliste, vielleicht sogar ein Heft aus den genannten Punkten zum Mitnehmen zu erstellen, und beim Familientag Schwerpunkte zu setzen. Themen, die sich für einen praktischen Teil eignen, sind kursiv gedruckt.

▷ *Termin für die Erstkommunion*

Als Information, da dieser ja wahrscheinlich schon fest steht.

▷ *Kleidung der Kommunionkinder*

Zählt das Tragen von Einheitsgewändern / Kutten in der Gemeinde zur Normalität? Ist dies allen Eltern bekannt? Anfallende Kosten / Reinigung o.ä erwähnen. Ist es üblich, konventionelle Kommunionkleidung zu tragen, lohnt es, darüber nachzudenken, dass es normalerweise weder weiße Kleider noch

unbedingt dunkle Anzüge seien müssen. Festliche Kleidung, dem Anlass entsprechend, reicht meist aus. Dass vor Gott alle gleich sind und nicht nach ihrer Kleidung gemessen und angesehen werden, sollte als Argument genannt werden. Auch sollen sich die Kinder in der Kleidung wohl fühlen. Insbesondere lange Kleider sind alles andere als praktisch. Vielleicht gelingt es, den Blickwinkel der Eltern etwas weg von toller Optik, und etwas mehr hin auf den eigentliche Sinn der Erstkommunion zu lenken. Vielleicht gibt es in der Gemeinde einen Kommunionkleiderbasar, auf den an dieser Stelle hingewiesen werden kann.

▷ *Essen / Mahlzeiten bei der Kommunionfeier*

Ist das Essen zu Hause oder im Lokal o.ä. geplant?

Tipps für die Eltern: Frühzeitige Planung ist wichtig. Partyservice, Metzgerei und Getränkehändler haben nur bestimmte Kapazitäten zur Verfügung; – Räumlichkeiten zum Anmieten und Restaurants frühzeitig buchen, sonst fehlt die Auswahl; – Kommunionkinder in die Essensplanung mit einbeziehen, Lieblingsessen evtl. in die Speisenfolge mit einbeziehen; – Räumlichkeiten im Lokal sollte passen, familiäre Atmosphäre hängt oft von der Art des Raumes ab; – wird der Raum von einer oder von mehreren Familien genutzt? Wenn zu Hause gefeiert werden soll: Ist alles vorhanden? – Genügend Platz und Sitzmöglichkeiten; – Räume für die Aufbewahrung und möglicherweise auch das Kochen von Speisen; – Platz zum Spielen; – ausreichende Mengen an Geschirr und Tischwäsche; – nette Leute, die beim Vor- und Zubereiten, dem Abwasch, Eindecken und beim Bedienen helfen; – Getränke. Das Mittagessen im Restaurant oder Lokal und anschließend die Feier zu Hause mit Kaffeetrinken fortzusetzen, bietet sich oft an. Für die Gäste (von außerhalb) kann ein kleiner Abendimbiss angeboten werden. Wollen die Familien den Festtag mit einem gemeinsamen Frühstück beginnen, um sich auf den Tag einzustimmen? Bleibt der Stress überschaubar?

▷ *Einladungen zur Erstkommunion*

Wer soll eingeladen werden? Soll zum Mittagessen und / oder zum Kaffee geladen werden? Wie soll eingeladen werden – schriftlich oder nur mündlich? Wenn schriftlich – eine selbstgestaltete Einladungskarte z.B. mit dem Motto und / oder Logo der Kommunionzeit; Einladung, Tischkarten / Namenskarten u.ä. sowie Danksagungen als Einheit sehen und in Design und Text angleichen; Kinder mit einbeziehen – Lieblingsgedicht / Lieblingsmotiv mit einbauen; Uhrzeit des Hochamtes nicht vergessen; evtl. Uhrzeit einer Andacht angeben; wo gefeiert wird, sollte auch im Einladungsschreiben deutlich werden. Wann soll eingeladen werden? Ca. 4–5 Wochen vor der Erstkommunion sollten die Einladungen verschickt werden; an Rückmeldungen denken; Nachbarn, liebe Freunde und Bekannte etc. zu Kaffeetrinken, Frühstück oder Umtrunk am nächsten Tag oder sonstigem Termin einladen, je nach Sitte im Ort und eigener Anschauung; evtl. Teller mit Kuchen in der Nachbarschaft verteilen.

Hier bietet es sich an, Ideen für Einladungen zu zeigen. Wie kann das Motto der Kommunionfeier schon auf der Einladung sichtbar werden? Welche Texte eignen sich für die Einladungen? Wie können auch ungeübte Bastler mit wenig Mitteln eine tolle Einladung zaubern?

▷ *Tagesablauf einer Erstkommunionfeier*

Gemeinsames Frühstück – als Einstimmung des Festtages (je nach Beginn des Hochamtes möglich) – Heilige Messe / Erstkommunion (die Kinder treffen

sich oft vorher an der Kirche; genug Zeit einplanen); evtl. Fototermin – Essen zu Hause oder im Restaurant, Wegstrecke berücksichtigen; ausreichend Zeit zum gemütlichen Essen einplanen – Zeit zum Spielen; Plaudern; Familienfotos machen; Spazieren gehen etc. – Kaffeetrinken – evtl. Dankandacht – Imbiss oder Abendessen.

▷ Tischschmuck

Individuell angefertigter Tischschmuck bereichert eine festliche Tafel. Platzkärtchen, Speisekarten, Gebetstexte usw. im Einklang mit der Einladung basteln / herstellen (Papierfarbe und Motive sollten zueinander passen). Selbst gemalter oder ausgedruckter und kopierter Tischschmuck lässt so einen ganz individuellen Festtagstisch entstehen. Bunte Servietten und Blumen runden das Bild ab. Die Lieblingsblumen oder Farben des Kommunionkindes sollten hier berücksichtigt werden. Evtl. einen Buchsbaum kaufen. Kränze aus seinen Zweigen, mit einfachen bunten Bändchen geschmückt, sehen schön aus und halten gut; auch als Kränzchen um Kerzen.

Hier bietet sich ein Workshop unter fachkundiger Anleitung an. Vielleicht haben Sie jemand in Ihrer Gemeinde, der interessierten Eltern ganz praktisch zeigen kann, wie man schnell und preiswert schönen Tischschmuck selbst herstellt.

▷ Geschenke für das Kommunionkind

Für viele sind Geschenke ein Reizthema. Manchen Kindern fallen beim Thema Erstkommunion erst die Geschenke, und dann erst der Sinn dieses Festes ein. Geschenke gehören sicher dazu, sind aber nicht die Hauptsache. Geschenke sollen Zuneigung und Freundschaft ausdrücken, und auch Erinnerungswert haben. Regen Sie bei den Eltern an, mit ihren Kinder zusammen vorher eine Liste von Geschenken zu erstellen, die wirklich sinnvoll sind und etwas Besonderes darstellen. Geben Sie die Liste an Verwandte und Freunde weiter. Traditionelle Geschenke sind: Kettchen mit Kreuz; Rosenkranz; Bibel; Gotteslob; Erinnerungsalbum (Album als Gästebuch am Weißen Sonntag auslegen); besondere Bücher.

Vielleicht kann eine Buchhandlung zu diesem Tag eine kleine Auswahl an Büchern und Andachtsgegenständen zur Verfügung stellen, damit Eltern und Kinder schon mal schnuppern können.

▷ Spiele zu Hause

Spiele nicht nur für die Kinder, auch für Erwachsene vorbereiten. Das soll nicht die Zeit vertreiben, sondern vor allem Spaß machen. Vorschläge: Fotoquiz – wer ist wer auf alten Bildern? Ein Puzzle aus Fotos schneiden oder herstellen lassen – sind die Großen oder die Kleinen schneller beim puzzeln? Wissensspiele – immer ein Erwachsener und ein Kind wetteifern zusammen, welches Duo das Schlauste ist; Ball- oder Abwerfspiele für Draußen; Tischtennisturnier; Hausralley (wie viele Stufen hat unsere Treppe – wieviel Bilder hängen im Wohnzimmer?) etc. Bibelquiz (siehe weiterführende Literatur Seite 64).

▷ Gebete

Tischgebete für das gemeinsame Mittagessen und Kaffeetrinken entweder selbst entwerfen oder aus Büchern abschreiben (siehe unter Punkt 5 Vorbereitung von Texten etc.). Das Kommunionkind kann bei dieser Festtafel das Tischgebet sprechen.

▷ *Dankeschön*

Wenn das große Fest vorbei ist, wird es Zeit, sich bei all den Gratulanten zu bedanken, ca. vier bis sechs Wochen nach der Kommunion. Danksagungen mit einem Bild des Kommunionkindes sind auch für andere eine schöne Erinnerung. Das Dankeschön rundet sich ab, indem die Tipps, die Seite 59/60 unter Einladungen / Tischschmuck gemacht wurden, hier wieder aufgenommen werden (siehe Einladungskarten).

In vielen Gemeinden ist es üblich, dass die Kommunionkinder gemeinsam eine Dankanzeige in der Tageszeitung veröffentlichen. Hier wäre die Möglichkeit, dieses Thema mit den Eltern zu besprechen: Ist das gewünscht, welche Kosten kommen auf die einzelnen Familie zu, würden sich alle beteiligen? Soll ein Fotograf für Aufnahmen während der Messfeier und / oder für ein Gruppenfoto beauftragt werden?

▶ **Abschlussrunde Familientag**

Eine Reflexion mit allen Teilnehmern, Eltern wie Kindern, bietet sich zum Abschluss an. In einer großen Runde kann jeder, der möchte, Lob und Kritik loswerden. Eine andere, allerdings arbeitsintensivere Variante, ist die Ausarbeitung eines Fragebogens, der von allen Teilnehmern ausgefüllt und vom Leitungsteam später ausgewertet wird. Sinnvoll ist eine solche Abschlussrunde, wenn nicht nur Lob gerne angenommen, sondern eventuelle Kritik bei der nächsten Aktion konstruktiv umgesetzt wird.

▶ **Abschlussandacht / Gottesdienst**

Schön ist es, wenn der Familientag mit einer Andacht oder einer Eucharistiefeier abschließt. Texte, Fürbitten, Lesungstexte, Lieder und alles weitere sollten nach dem geplanten Thema in Absprache mit dem Pastor ausgearbeitet werden. Es könnten Personen angesprochen werden, die einzelne Dinge vortragen (evtl. Eltern des Familientages). Außerdem sind Lieder auszuwählen; Elemente wie Friedensgruß, Fürbitten oder Lieder auf die Belange der Kommunionkinder und ihrer Eltern abzustimmen. Manche Texte evtl. selbst schreiben (vielleicht gibt es beim Familientag dazu einen eigenen Workshop?). Über die Verteilung gebastelter Erinnerungsstücke sollte nachgedacht werden, vielleicht aus dem Bastelkreis des Familientages heraus.

▶ **Nachbereitung / Ergebnisse / weitergehende Aktionen**

Erfahrungen, Ergebnisse: Was ist gut gelaufen, was hat weniger gut funktioniert? Hat den Eltern der Tag gefallen? Gibt es Verbesserungsvorschläge? Ist eine Wiederholung des Tages, etwa als Treffen nach der Kommunion, erwünscht? Welche Ideen kamen an? – Diese Punkte im kleineren Kreis durchsprechen.

Nach einem Resümee ist zu überlegen, ob und welche weiteren Aktionen mit den Kommunionkindern während der Kommunionvorbereitung noch geplant werden können. Beispiele: Adventssingen, Krippenspiel, Palmzweigbinden, Frühlingswanderung, Übernachtung im Pfarrheim o.ä. in den Ferien, Bibelwochenende oder -abend, Spielnachmittag, Bastelnachmittag, z.B. zum Herstellen von Dekorationen für den Weißen Sonntag, Nähen von Kostümen für Sternsinger oder Krippenspiel, Liedernachmittag.

Nach dem Weißen Sonntag: Nachtreffen der Eltern und Kinder zum Gedankenaustausch, Spielen, Singen, Basteln und Fotos anschauen etc.

Wenn bei den einzelnen Aktionen immer wieder einmal das Leitmotiv auftaucht, wissen alle gleich woran sie sind und fühlen sich angesprochen.

Ideen für Workshops am Familientag

Nachfolgend ein paar Ideen, was Sie Eltern und Kindern parallel oder ergänzend zum großen Hauptthema anbieten könnten.

1. Leitthema oder Motto

Gibt es schon ein Leitthema oder Motto, das durch die Kommunionzeit begleiten soll? Wenn nicht, dann sollte dieses Gruppenthema der anderen Gruppenarbeit vorangestellt werden, um eine Weiterarbeit mit dem Motto zu ermöglichen. Gut ist es, wenn die Möglichkeit besteht, dieses Thema kreativ, z.B. in ein Logo, umsetzen zu können (siehe auch Nr. 2).

2. Entwurf eines Logos zum Leitthema

Die kreative Umsetzung eines Themas / Mottos in ein Gruppenlogo ist mit Kindern und Erwachsenen zusammen umzusetzen. Zu bedenken ist, welche Räume, Materialien zur Verfügung stehen. Wie kann das Logo anschließend in das Gesamtkonzept eingebracht werden?

3. Bastelvorschläge

Bastelideen sollten sich an dem gewählten Thema / Motto orientieren. Zu fast allen Themen können große Kerzen für die Kirche, aber auch kleinere für zu Hause verziert werden. Ein schöner Brauch ist es, wenn die Kommunionkinder ihre große Kerze in der Kirche dann zu jedem Gottesdienst bis zum weißen Sonntag entzünden dürfen.

Das Motto der Kommunionvorbereitung, bildlich umgesetzt und in der Kirche ausgestellt, lässt die ganze Gemeinde an diesem gemeinsamen Weg teilhaben.

Im Folgenden ein paar Anregungen, wie die bildliche Umsetzung eines Mottos aussehen könnte. Bei allen Themen sollte jeweils ein Bildnis Jesu zwischen den Bildern der Kinder »eingebaut« werden.

▷ *»Mit Jesus in einem Boot«*
Großes Boot zum Aufstellen / Aufhängen in der Kirche aus Sperrholz aussägen; anmalen und mit Bildern der Kommunionkinder bestücken; kleine Boote als Tischschmuck, als Erinnerungsstücke.

▷ *»Ein Haus aus lebendigen Steinen«*
Bunte Quadrate auf einer Plakatwand in Form eines Hauses aufkleben, mit Bildern bestücken; kann auch aus Styropor - Quadraten gebaut und angemalt werden; als Tischschmuck aus Tonkarton bauen.

▷ *»Wir sind wie Fische im Meer Gottes«*
Fische aus buntem Tonkarton ausschneiden, Bilder der einzelnen Kommunionkinder aufkleben, an großen Kartons oder Stellwänden befestigen; Fische aus anderen Materialien, z.B. Styropor, ausschneiden, anmalen, aufhängen; mit Wellen, Meeresgewächsen umgeben. Außerdem kleine Fische herstellen, wie beschrieben oder aus Pappmachè zur Dekoration der Kirche oder für zu Hause.

▷ *»Jeder ist ein Teil im Puzzle des Reiches Gottes«*
Puzzleteile aus Tonkarton herstellen; Bilder der Kinder aufkleben; Puzzle mit Motto aufhängen; als Andenken Puzzleteile verteilen (auch im Kommuniongottesdienst); Puzzle mit kirchlichen Motiven oder Fotopuzzle selbst basteln.

▷ *»Jesus als Geschenk für uns«*
Kartons mit Geschenkpapier einpacken, dekorieren, Bilder befestigen, aufhängen oder hinlegen; als Tischdekoration verwenden; kleine Schachteln zum Verschenken an Gemeinde einpacken, evtl. mit Gedichten, Wünschen o.ä. darin.

▷ *»Ein bunter Regenbogen – Hoffnung und Versprechen an uns«*
Großen Regenbogen basteln, Bilder der Kinder darunter hängen; ideales Motiv für Verzierung von Kerzen; Regenbogenpapier für Einladungen u.ä. verwenden.

▷ *»Viele kleine Menschen, an vielen kleinen Orten, die viele kleine Dinge tun, können das Gesicht der Welt verändern«*
Kleine Leute als Wandfries an der Kirchenwand aufhängen, mit Bildern der Kinder bekleben; Motiv für Kerzen, Tischschmuck oder Fensterbilder.

▷ *»Wie Trauben an einer Rebe sind wir«*
Große Trauben mit den Bildern der Kinder, verbunden untereinander und mit Himmel und Erde durch einen Rebstock; Trauben aus Tonkarton mit Weinlaub geschmückt z.B. an Leine / Rebstock senkrecht aufhängen.

4. Lieder

Lieder, sowohl für den Familientag, wie auch für die Erstkommunion sollten halbwegs bekannt oder eingeübt sein, und zum Thema passen. Gewiss gibt es in der Gemeinde ein Liederheft für Jugend- und Familiengottesdienste. Welche Lieder passen zum Thema? Wer kann mit Gitarre oder sonstigem Instrument beim Gesang unterstützen? Vielleicht findet sich an diesem Tag eine kleine Gesangs- oder Instrumentalgruppe zusammen, die auch die Erstkommunionfeier musikalisch mitgestalten kann?

5. Vorbereitung von Texten, Liedern, Gebeten und Fürbitten für die Erstkommunionfeier

In dieser Gruppe können passende Gebete, Lieder, Fürbitten, Texte und Liederzettel erarbeitet werden, die zum Ablauf einer Erstkommunion passen und die möglicherweise etwas mit dem gewählten Thema zu tun haben.

6. Gespräch und Diskussion über theologische Themen

Engagieren Sie Ihren Pastor, Vikar oder andere Theologen/Theologinnen für einen Vortrag mit anschließender Diskussion. Ein strittiges Thema, ausgesucht in Absprache mit dem Referenten, fordert eine interessante und lebhafte Diskussion heraus.

Mögliche Themen:
— Frauen in der Kirche – Frauen in der Bibel
— Zölibat – noch zeitgemäß?
— Sakramente in der Kirche – was bedeuten sie heute?
— Glaube als Geschenk an uns
— Christentum – Judentum – Islam, Unterschiede, Gemeinsamkeiten, Chancen

63

Weiterführende Literatur

Texte und Gebete

Ursula Cordes, Bei uns daheim, Verlag Butzon & Bercker, Kevelaer
Anneliese Hück, Zwölf Körbe voll, Matthias-Grünewald-Verlag, Mainz
Hermine König, Das große Jahresbuch für Kinder, Kösel-Verlag, München
Georg Schwickart, Die Sakramente den Kindern erklärt, Verlag Butzon & Berker, Kevelaer
Elmar Gruber, Meine Erstkommunion, Herder Verlag, Freiburg
Franz Menke, Von Schutzengeln den Kindern erzählt, Verlag Butzon & Bercker, Kevelaer
Dietmar Rost und Joseph Machalke, Das Vaterunser den Kindern erzählt,
Verlag Butzon & Bercker, Kevelaer

Lieder

Lieder von *Detlev Jöcker* aus dem Menschenkinder Musikverlag, Münster zu den verschiedenen Themen z.B. aus den Büchern: Heut ist ein Tag, an dem ich singen kann, Solange die Erde lebt, Licht auf meinen Weg
Elsbeth Bihler, Walburga Schnock, Hans-Heinz Riepe (Hrsg), Schwerter Liederbuch »Singt dem Herrn«, Verlag BDKJ, Paderborn

Gottesdienstvorbereitung

Pia Biehl, Erzähl mir was vom lieben Gott / Erzähl mir mehr vom lieben Gott,
Verlag Katholisches Bibelwerk, Stuttgart
Pia Biehl, Erzähl mir mehr vom lieben Gott, Verlag Katholisches Bibelwerk, Stuttgart

Buchgeschenke

Viele von den oben genannten Büchern eignen sich auch sehr gut als Geschenk.
Roland Schönfelder, Ihr seid meine Freunde, Herder Verlag, Freiburg
Lars Collmar, Die wunderbaren Abenteuer des kleinen Johannes Larsson in der Welt der Bibel, Kreuz Verlag, Stuttgart
Josef Quadflieg, Das große Buch der Namenspatrone, Patmos Verlag, Düsseldorf
Ivo Meyer und Josef F. Spiegel, Wir entdecken die Bibel, Herder Verlag, Freiburg
Irmgard Weth, Neukirchener Kinder-Bibel, Aussaat Verlag, Neukirchen-Vluyn

Die Konfirmation: Ein Fest, das die Jugendlichen mitgestalten

Gedanken zum Fest und Ideen zur Festgestaltung

Alma Grüßhaber

Hinführung

Zum Thema

Warum es die Konfirmation gibt und welche Rechte dazugehören

Seit dem 19. Jahrhundert ist die Konfirmation fester Brauch in den evangelischen Kirchen. Martin Bucer, ein Reformator an der Seite Martin Luthers, dachte über die Neugestaltung der Kirche nach. Er forderte schon im Jahr 1534 eine Erklärung der jungen Christen vor der Gemeinde. Daraus wurde im Lauf der Geschichte die Konfirmation, der eine Zeit der Unterweisung vorausgeht.
Der junge Mensch soll seine Entscheidung zu Jesus Christus und der Kirche fest machen. Die Kindertaufe bezeugt: Gott will uns seine Gnade schenken. Dies geschieht ohne menschliches Zutun. Die Konfirmation jedoch ist erst eine Antwort darauf. Der junge Mensch tut öffentlich seine Entscheidung kund: Vor der Gemeinde bezeugen die Konfirmanden, dass sie zu Jesus Christus und zu seiner Kirche gehören. Die evangelische Kirche nimmt die jungen Menschen als stimmberechtigte Mitglieder auf. Die Jugendlichen dürfen ein Patenamt annehmen und über ihre Zugehörigkeit zu einer Religionsgemeinschaft selbst entscheiden.

Wie die Jugendlichen auf die Konfirmation vorbereitet werden

Zwischen dem 12. und 14. Lebensjahr werden die Jugendlichen unterrichtet. Der Konfirmandenunterricht, der zwei Nachmittagsstunden pro Woche umfasst, ist die Voraussetzung, dass die Jugendlichen an der Konfirmation teilnehmen können.

Pfarrerin oder Pfarrer führen in die Glaubensfragen ein. Mit Gleichaltrigen werden die Fragen des Glaubens diskutiert, in Gottesdiensten mit der Gemeinde wird gefeiert. Die Teilnahme am Abendmahl wird vorbereitet. Vielerorts werden heute neue Modelle erprobt: Projektorientierter Unterricht, gemeinsame Freizeiten, Unterweisung in Kleingruppen, die Laien aus der Gemeinde anleiten oder in Zusammenarbeit mit den Eltern.
Auch Stufenmodelle werden erprobt, der Unterricht in zwei Altersstufen gelegt.
— Gruppenerfahrung und Einführung in den Katechismus in der Grundschulzeit, wenn die Kinder neun oder zehn Jahre alt sind. (Die katholische Kirche macht den Kommunionunterricht schon immer in dieser Altersstufe.)
— Vorbereitung zur Konfirmation in Projektarbeit in der Altersstufe zwischen 13 und 14 Jahren.

65

Was Jugendliche in der Konfirmandenzeit erleben sollten

Die Konfirmation liegt in einer problematischen Zeit für den jungen Menschen. Es trifft sie/ihn in einer Umbruchzeit. Werte und Autoritäten werden in Frage gestellt. Der junge Mensch ist auf der Suche nach sich selbst. Aus dem Kind muss ein mündiger Mensch werden, der aber noch gar nicht so recht weiß, was auf ihn zukommt, für was sie/er sich entscheiden will. Wenn es gelingt, gibt der Konfirmandenunterricht eine Hilfestellung:
— im Austauschen und Reden über Gott und den Glauben;
— in sozialen Erfahrungen mit den Menschen einer Kirchengemeinde (manche Pfarrer/-innen bieten ein Sozialpraktikum an);
— im Überprüfen des Lernstoffes »Katechismus« auf das Leben im Alltag.
— Der junge Mensch soll erfahren: Es geht um mich, um meine Fragen, Sorgen, Ängste und Träume. Es gibt Gott, dem viele Menschen vertraut haben. Die Bibel erzählt davon. Auch heute glauben und hoffen Menschen auf diesen Gott. Ich bin eingeladen in diese Gemeinschaft.

Das Konfirmationsfest

Wer Konfirmationsfotos der Eltern oder Großelterngeneration betrachtet, entdeckt sehr ernste Gesichter: Eingezwängt in steife, schwarze Kleidung stehen oder sitzen die Konfirmanden da, die Gesichter sind angespannt und verkrampft. Bei der Konfirmation kam alles auf den Prüfstand: Kannte sie/er alles auswendig, was in Glaubensfragen zu lernen war? Bereitete sie/er den Eltern auch keine Schande beim Aufsagen in der Kirche? Hat der Unterricht in die Pflichten der Kirche und des Erwachsenenlebens hineingewiesen?
Heutige Konfirmationsbilder wirken gestylter. Die Kleidung ist legerer. Die Gesichter sind wach und aufmerksam. Aber angespannt und erwartungsvoll sind sie allemal, denn: die Konfirmation soll für jeden jungen Menschen ein besonderes Fest sein. Sie/er gehört nun zu den Erwachsenen – zumindest in der Kirche.
Eigentlich ist dann die Konfirmation ein Fest des jungen Menschen. Sie/er steht an den Übergängen zu einer neuen Lebensstufe. Der Abschied von der Kindheit wird gefeiert. Etwas Neues beginnt.
Häufig gerät die Konfirmation aber in die Zwänge eines Familienfestes: Wegen Tante Paula muss man in ein piekfeines Restaurant. Onkel Max kommt nur, wenn es Alkohol zu trinken gibt. Oder aber die/der Jugendliche stimmt dem Fest nur zu, weil es massenweise Geschenke und Geld gibt.
Wie wird die Konfirmation ein Fest des jungen Menschen? Der erste Schritt zur Vorbereitung ist, dass die Konfirmandin/der Konfirmand in die Festplanung mit einbezogen wird – ihre/seine Wünsche und Vorstellungen bestimmen die Gestaltung des Festtages. Dazu wollen die Tipps und Gestaltungsideen anregen.

Der Festgottesdienst

Der Konfirmationsgottesdienst findet gewöhnlich am Sonntagvormittag statt. Die Gestaltung und Beiträge zu dem Festgottesdienst wird der Pfarrer/die Pfarrerin mit den Konfirmanden erarbeiten. Die Eltern sind bei der Finanzierung des Blumenschmucks gefragt, bestellen einen Fotografen oder beteiligen sich bei der musikalischen Gestaltung des Gottesdienstes.
In manchen Gemeinden findet eine Abendmahlsfeier am Ende des Konfirmationstages statt. Diese ist dann verknüpft mit der ersten Teilnahme der Neu-

konfirmierten am Heiligen Abendmahl. Auch hier könnten Eltern und Paten die Liturgie mitgestalten.

Das Fest und die Vorbereitung

Das Fest kann zu Hause oder in angemieteten Räumen stattfinden. Dies richtet sich nach der Anzahl der Gäste – manchmal auch nach dem Geldbeutel –, denn ein Fest ist eine größere Ausgabe, das Zeit, Ideen und Geld kostet. Deshalb ist langfristiges Vorbereiten angesagt –, denn eine gute Vorbereitung ist die halbe Feier.

■ Checkliste
zur Vorbereitung eines Konfirmationsfestes

▶ **1/2 – 1 Jahr vorher**
— Lokal vorbestellen oder Räume reservieren lassen

▶ **3 Monate vorher**
— Treffpunkt und Dauer des Festes festlegen
— Lokal/Räume besuchen oder Partyservice bestellen
— evtl. Helfer/Küchenhilfen suchen
— Mahlzeiten vorbesprechen
— Gästeliste erstellen
— Einkauf der Festkleider

▶ **2 Monate vorher**
— Einladungsbrief an die Gäste verschicken
  (u.A.w.g. – einen Rückmeldetermin mitvermerken)
— Die/der Konfirmand/in macht eine Wunschliste
— Tischkarten vorbereiten, Sitzordnung festlegen
— Spiele oder Festbeiträge etc. fertig stellen, Material bereitlegen

▶ **4 Wochen vorher**
— Mit der Familie den Festablauf vorbesprechen, Aufgaben verteilen
— Mit der Konfirmandin/dem Konfirmand die Beiträge besprechen
— Tischrede/Tischgebet überlegen
— Evtl. Geschirrbestand kontrollieren
— Getränke einkaufen

▶ **2 Wochen vorher**
— Letzte Absprachen betreffs Gästezahl
— Menüfolge etc. besprechen
— Blumenschmuck bestellen

▶ **3 Tage vorher**
— Räume herrichten
— Backen
— Kleider kontrollieren

▶ **1 Tag vorher**
— Letzte Vorbereitungen
— Zeit für das Miteinander einplanen

67

▶ **Am Festmorgen**
— Gemeinsame Frühstückszeit
— gemeinsamer Weg zur Kirche
— Zeit für die Gäste haben

▶ **Am Abend nach dem Fest**
— Tagesausklang mit der Konfirmandin / dem Konfirmanden

▶ **2 Wochen danach**
— Dankbrief verschicken, evtl. Fotos vom Fest beilegen

▶ **Weitere Tipps**
— Erstellen Sie sich unbedingt einen genauen Fahrplan, was wann zu organisieren ist.
— Einkaufslisten erleichtern die Übersicht.
— Eine Auflistung der Geschenke, evtl. am Abend des Festes erstellt, erleichtert das Dankeschön an die Schenkenden.

Was zum Gelingen des Festes beiträgt

— Eine gut durchdachte Vorstellungsrunde
— eine lockere Sitzordnung
— großzügige Räume
— individueller Tischschmuck (z. B. vom Konfirmand gestaltet)
— Farbtupfer durch Blumen, Servietten, Kerzen
— heitere Beiträge der Gäste (ein Musikbeitrag oder die Paten erzählen von einer netten Begegnungen mit dem Patenkind)
— es gibt in den Pausen ein Ausflugsziel – gemeinsamer Spaziergang
— witzige Beiträge der Geschwister und Freunde
— eine launige Rede des Vaters/der Mutter
— eine Festzeitung erstellen, bei der alle sich beteiligen
— eine Verlosung oder Versteigerung von Krimskrams für einen guten Zweck
— ein Quiz, das der Konfirmand / die Konfirmandin über sich zusammengestellt hat
— eine Ausstellung zu den Hobbys der Konfimandin / des Konfirmanden (Ausstellung mit Comics, Plakaten, Filmtiteln, CD's oder sonstigen Sammlungen)
— Plakate mit Bildern / Fotografien der Konfirmandin / des Konfirmanden (Achtung: nur mit Genehmigung ausstellen)

Was die Konfirmandin / der Konfirmand am Festtag übernehmen könnte

— Das Tischgebet / den Tischkanon auswählen
— die Gäste vorstellen
— den Tagesverlauf bekannt geben
— eine Spielrunde mit allen Gästen einleiten: Quiz, Ratespiele usw.
— den Abschluss einläuten (Dankeschön an alle)
— Geschenk an die Gäste austeilen: eine Karte, eine Blume für jeden, oder Kugelschreiber usw.

■ Spiele und unterhaltsame Ideen

▶ Sprichwörter raten

Eine Person wird hinausgeschickt. Ein Sprichwort wird festgelegt. Die Gäste teilen die einzelnen Worte unter sich auf. Beispiel: Tante M: Morgenstund; Onkel K.: Mund; Vetter G.: hat; Tante S.: im; Opa: Gold; – ergibt: »Morgenstund hat Gold im Mund«. Die/der Hereingeholte muss sich durchfragen und das Sprichwort erraten.

Vorbereitung: Sich vorab einen Zettel mit Sprichwörtern aufschreiben.

▶ Erkennst du sie wieder?

Eine Person bekommt die Augen verbunden. Durch Ertasten müssen nun die Verwandten an den Füßen erkannt werden. (Wem dies zu heikel ist, kann auch die Hände nehmen).

Vorbereitung: Ein Tuch bereitlegen.

▶ Mein Name heißt:

Den Namen des Konfirmanden mit Gegenständen darstellen.
Auf ein Blatt Papier den Namen des Konfirmanden schreiben. Wer findet im Raum zu jedem Buchstaben einen Gegenstand? (evtl. dazu zwei Gruppen bilden)
Beispiel: J = Jeans vom Neffen
          E = Eislöffel
          N = Nippes/Nadel
          S = Suppenteller/Saftflasche

Vorbereitung: Namen des Konfirmanden auf einen Bogen Papier schreiben und im Raum aufhängen.

▶ Wieviel sind drin?

Raten von Reiskörnchen / Reisszwecken / Bohnen
Drei Schraubgläser mit den genannten Dingen auffüllen, dabei mitzählen. Die Gäste müssen nun erraten, wieviel Teile in jedem Glas sind. Wer die Zahl errät, erhält einen Gewinn – eine Praline oder aber Reisszwecken, ein Pfd. Reis, ein Pfd. Bohnen.

Vorbereitung: 3 Einweckgläser, gefüllt mit Reis, Reiszwecken, Bohnen, die abgezählt werden. Kleine Preise wie Pralinen usw. einkaufen.

▶ Kim-Riechspiel

In verschraubbare Dosen / Fläschchen verschiedene Riechproben geben: Parfum, Käse, Vanille, Nelken, Stinksocke, Waschbenzin, Kaffee, Zimt. Wer errät die Gerüche?

Vorbereitung: Kleine Marmeladegläser mit den »Düften« füllen. Ggf. ein Stück Küchenkrepp mit dem Duftstoff tränken.

▶ Baum der Wünsche

Mit dem Konfirmanden / der Konfirmandin kann eine großes Baumplakat erstellt werden, Mit dickem Filzstift werden Wurzeln und Zweige und Äste aufgemalt. Über den Baum verteilt werden Erinnerungsfotos aufgehängt. Geschmückt wird der Baum von den Gästen: vorbereitete Blätter oder Blüten werden bereitgelegt, ebenso Stifte. Am Konfirmationstag schreiben die Gäste

ihre Wünsche auf die Blätter und Blüten. Diese werden an den Baum geheftet, der so ein wertvolles Erinnerungsstück wird.

Vorbereitung: Den Baum auf ein Plakat (Format DIN A 2 oder A 3 aus Tapete oder Packpapier) malen, aus grünem Fotokarton Blätter ausschneiden und aus weißem Papier Blüten vorbereiten. Stifte und Tesafilm dazulegen, den Baum vorab mit Fotos schmücken (siehe Abbildung).

▶ **Wer weiß es?**
Ein Quiz – (siehe dazu Beispiel auf der rechten Seite) zusammengestellt von Gerhard Grüßhaber

Vorbemerkung: Dieses Quizblatt muss individuell gestaltet werden. Die Besonderheiten des Konfirmanden / der Konfirmandin sollten vom Spielleiter vorher abgefragt und bei der Vorbereitung des Quiz in die jeweilige Rubrik (Lieblingsgericht / Musik / Sport etc.) eingetragen werden. Neben dem zutreffenden Wort sind zwei weitere Begriffe zu vermerken, so dass die Mitspieler überlegen müssen, was sie über die Konfirmandin / den Konfirmanden wissen (z.B. dass er/sie gerne reitet).

Beispiel: **Sport**
              Leichtathletik
              Schwimmen
              Reiten

Wenn das Quizblatt ausgeteilt ist, gibt es eine Schreibpause. Danach liest der Spielleiter das Ergebnis vor oder befragt die/den Konfirmanden dazu. Gewinner ist, wer die meisten richtigen Antworten hat.

Wer weiß es? — Eine der drei Antworten ist richtig

Ein Ratespiel über ....

Essen
- ☐
- ☐
- ☐

Trinken
- ☐
- ☐
- ☐

Naschen
- ☐
- ☐
- ☐

Eisspezialität
- ☐
- ☐
- ☐

Autos
- ☐
- ☐
- ☐

Hobby
- ☐
- ☐
- ☐

Musikrichtung
- ☐
- ☐
- ☐

Sänger / Idol
- ☐
- ☐
- ☐

CD-Titel
- ☐
- ☐
- ☐

Kinofilm
- ☐
- ☐
- ☐

Buch oder Zeitschrift
- ☐
- ☐
- ☐

PC-Spiel
- ☐
- ☐
- ☐

Sportart
- ☐
- ☐
- ☐

TV-Sendung
- ☐
- ☐
- ☐

Tischgebete

Von deiner Gnade leben wir,
und was wir haben, kommt von dir.
Drum sagen wir dir Dank und Preis
tritt segnend ein in unseren Kreis.
(Verfasser unbekannt)

Alle gute Gaben
alles was wir haben,
kommt o Gott von dir.
Dank sei dir dafür.
(Verfasser unbekannt)

Miteinander essen, das kann schön sein,
froh zu Tische sitzen, lieben wir.
Gaben lasst uns teilen
und auch noch verweilen.
Schön, dass wir zusammen sind.
(Der Vers stammt aus einem Lied und kann auch gesungen werden.)

Miteinander essen

Text und Melodie: Wolfgang Longardt
Aus: »Was macht der Hahn dort«, Nr. 049
Rechte: ABAKUS Musik Barbara Fietz,
35753 Greifenstein

Danket dem Herrn
denn er ist freundlich
und seine Güte währet ewiglich.
Psalm 106,1

Nun lasst uns Gott dem Herren,
Dank sagen und ihn ehren.
Für alle seine Gaben,
die wir empfangen haben.
(Evangelisches Gesangbuch, Lied 320, Vers 1)

Guter Gott, heute feiern wir.
Wir freuen uns aneinander.
Wir sitzen zusammen und essen.
Wir denken an dich, Gott.
Wir danken dir für dieses Fest.
(Alma Grüßhaber)

Danke für diesen guten Morgen.
Danke für diesen schönen Tag.
Danke, dass ich all meine Sorgen
auf dich werfen mag.

Danke für alle guten Freunde.
Danke für den gedeckten Tisch.
Danke für Zeichen deiner Liebe,
erhalt uns froh und frisch.
(Evangelisches Gesangbuch, Lied 334, Vers 1; Vers 2 Alma Grüßhaber)

Zur Fotografie eines Konfirmanden

Da steht er nun, als Mann verkleidet,
und kommt sich nicht geheuer vor.
Fast sieht es aus, als ob er leidet.
Er ahnt vielleicht, was er verlor.

Er trägt die erste lange Hose.
Er spürt das erste steife Hemd.
Er macht die erste steife Pose.
Zum ersten Mal ist er sich fremd.

Er hört sein Herz mit Hämmern pochen.
Er steht und fühlt, dass gar nichts sitzt.
Die Zukunft liegt ihm in den Knochen.
Er sieht so aus, als hätt's geblitzt.

Womöglich kann man noch genauer
erklären, was den Jungen quält:
Die Kindheit starb; nun trägt er Trauer
und hat den Anzug schwarz gewählt.

Er steht dazwischen und daneben.
Er ist nicht groß. Er ist nicht klein.
Was nun beginnt, nennt man das Leben.
Und morgen früh tritt er hinein.

Erich Kästner

Aus: E.K., »Doktor Erich Kästners Lyrische Hausapotheke«,
© Atrium-Verlag, Zürich und Thomas Kästner

Bücher und Arbeitshilfen

Inge Rümmele, »Konfirmation feiern: Den Konfirmationstag sinnvoll planen, gestalten und erleben«, Gütersloher Verlagshaus (GTB 935).

Michael Höhn, Hrsg., »Mein unvergesslicher Tag. Ein Erinnerungsalbum zur Konfirmation«, 38 Seiten mit zahlreichen farbigen Fotos, Gütersloher Verlaghaus.

Anette Bayer, »Konfirmation. Neue Ideen für Karten, Tischdekoration, Geldgeschenke«, TOPP-Bücher Nr. 2445, Frech-Verlag.

Ute Bögel, »Auf die Punkte, fertig, los! 40 pfiffige Spielideen für Kindergruppen und Kindergottesdienst«, Verlag Junge Gemeinde, Verlag Katholisches Bibelwerk, 2002.

Päd. Theol. Zentrum der Evang. Landeskirche in Württemberg (Hrsg.), »Mein Konfi 3-Heft«, für Vorkonfirmanden, 20 lose Blätter in einer Mappe, Claudius Verlag, Ev. Presseverband für Bayern, München 2001.
Arbeitsheft für 10-Jährige mit Bastelvorlagen, Rätsel und Blätter mit Sprüchen und Gebeten. Die im Schnellhefter zusammengestellten Materialien können die Kinder selbst ausgestalten.

»Konfi 3-Unterrichtshilfen« für Gruppenleiterinnen und Gruppenleiter, mit eingelegter CD, Claudius Verlag, Ev. Presseverband für Bayern, München 2001.
Arbeitsmaterial für die Themen Taufe und Abendmahl, Entdeckungen in der Gemeinde und im Kirchenjahr. Jeweils vier ausgearbeitete Entwürfe.

»Konfi 3 Orientierung« – für Entscheidungsträger, Claudius Verlag, Ev. Presseverband für Bayern, München 2001.
Die Orientierungshilfe informiert knapp über die kirchenrechtlichen Voraussetzungen des Zweiphasenmodells und zeigt dessen religionspädagogische- und gemeindepädagogische Potenzen auf. Wie und in welchem Zeitrahmen das Modell eingeführt werden kann, wird detailliert beschrieben.

Hans-Ulrich Kessler, Hrsg., »KU 3, Organisationshilfen und Praxisbausteine für einen Konfirmandenunterricht im 3. Schuljahr«, Gütersloher Verlagshaus, 2002.

Tobias Geiger, »Erlebnisgottesdienste für Konfirmanden und ihre Eltern«, 20 Praxisentwürfe, Calwer Verlag, 2002.

»Mein Konfi-Kalender 2001–2003«, Allgemeine Ausgabe der EKD, 10 x 14 cm, 128 Seiten. Der Konfikalender im Taschenformat umfasst zwei Jahre. Er ist gedacht als besonderer Konfi-Begleiter, um z.B. Termine von KU- Blocktagen, Freizeiten, Konfi-Camps zu notieren. Neben dem Kalendarium finden sich Texte zum Lesen, Nachdenken, Freuen und Lachen sowie Rätsel, Bilder und Bastelvorschläge und viel freier Platz für Notizen.
Bestelladresse: Ev. Presseverlag Pfalz GmbH, Postfach 1263, 67322 Speyer,
Telefon 0632 / 2 49 26, Fax 0632 / 13 23 24, E-Mail: aw@evpfalz.de

Advent und Weihnachten in der Familie feiern

Ein Aktionsnachmittag in der Gemeinde für Eltern mit kleineren Kindern

Dorothea Schlatter

■ Einführung

Zum Thema

Was verbinden Kinder mit dem Schönsten aller Feste?
Wie feiern junge Familien die Advents- und Weihnachtszeit?
Wie begegnen heutige Eltern dem weihnachtlichen Konsumrausch?
Wie kann das Wesentliche des Weihnachtsfestes – Jesu Kommen in die Welt –
schon mit kleinen Kindern erlebt und gefeiert werden?

Diese Fragen haben wir in einer Mitarbeitergruppe überlegt. Daraus entstand
ein Nachmittag mit Eltern und ihren kleinen Kindern, die wir zu einer gemeinsamen Erfahrung einluden. Als Termin wurde ein Samstagnachmittag Mitte
November gewählt, damit die Ideen, die Lieder und Geschichten in die bevorstehende Advents- und Weihnachtszeit einbezogen werden konnten.

Das Vorbereitungsteam hat die Inhalte des Nachmittags nach folgenden Kriterien ausgewählt:
— Die Symbole der Advents- und Weihnachtszeit entdecken.
— Das gemeinsame Singen einüben.
— Eine Bildbetrachtung an den Anfang stellen.
— Ein Figurenspiel für Groß und Klein zum gemeinsamen Schauen.
und
— Trotz aller »Weihnachtsstimmung« nicht das Fest vorwegnehmen. Deshalb wurde beim Figurenspiel der Weg von Maria und Josef gezeigt
(Szene 1–3), das Ziel, der Stall in Betlehem, nur angedeutet. Vorbereitet
und aufgeschrieben wurden die Szenen der ganzen Geburtsgeschichte
Jesu (Szenen 1–5). Dies sollte eine Anregung für das Feiern am Heiligen Abend sein. Diese Erzählung wurde zusammen mit dem Liedblatt am
Schluss des Nachmittags verteilt.

Gekommen sind 16 Erwachsene und 20 Kinder im Alter zwischen 2–6 Jahren.
Der Nachmittag hat großes Echo gefunden. Die Eltern fanden die Zeit des
Gesprächs sehr hilfreich. Die Kinder hatten parallel dazu mit den Erzieherinnen eine schöne Spielzeit. Das gemeinsame Tun (Singen, Bildbetrachtung und
Figurenspiel) waren gute Impulse, die in den Familien weitergeführt werden
konnten. Der offene Beginn und die begrenzte Zeit des gemeinsamen Nachmittags (15–17.30 Uhr) haben sich bewährt.

Die Begegnungen und Gespräche haben gezeigt, dass es gut tut, wenn eine
Kirchengemeinde Anregungen zum Feiern und Gestalten eines christlichen
Festes gibt. Dem Vorbereitungsteam wurde rückgemeldet, dass die heutige
Kunst des Feierns das »Wie« ist – denn Glaskugeln, Goldsterne und Nikoläuse
aus Schokolade gibt es in Überfülle in jedem Geschäft. Eine Mutter sagte:

»Die weihnachtlichen Dekorationen und der Konsumzwang versperren mir oft den Blick auf das Eigentliche. Ich will wieder neu lernen, auf das Leise und Wesentliche zu achten.«

■ Vorbereitung, Ablauf und Checkliste

▶ **Vorbereitungszeiten**
Vier Vorbereitungstreffen und ein Nachtreffen sind vorgesehen:
— 1. Termin im Februar: Zielgruppe, Termine und Thema festlegen;
— 2. Termin im März: Anfragen an Mitarbeiter/-innen, Aufgaben zuteilen;
— 3. Termin im Juni: Werbung, Belegung organisieren;
— 4. Termin im Oktober: Ablauf festlegen, Lied- und Literaturblatt machen, Figurenspieltext schreiben;
— 5. Termin im Januar: Auswertung und Weiterführung besprechen.

▶ **Werbung und Öffentlichkeitsarbeit**
— Persönliches Anschreiben vier Wochen vor dem Termin an alle Eltern, deren Kinder in den letzten vier Jahren getauft wurden (Seite 85).
— Ein Einladungszettel, der auch in den Kindergärten und Krabbelgruppen verteilt wurde (Seite 86).
— Werbeplakate DIN A3, die wie die Einladungszettel gestaltet waren.
— Ankündigung in den kommunalen Nachrichten.
— Abkündigung in den Sonntagsgottesdiensten.

▶ **Material**
— *Für das Singen:* Orffsche Instrumente wie Schellen, Trommel, Zimbel, Kastagnetten, evtl ein Glöckchen am Band für jedes Kind.
— *Zum Einführen ins Thema:* Ein Paket oder eine Truhe, gefüllt mit Weihnachtssymbolen (siehe unter »Einstimmung« auf der rechten Seite).
— *Zum Figurenspiel:* Ostheimer Krippenfiguren, sowie Materialien zum Aufbau (Seite 80). Die Krippenfiguren haben wir vom örtlichen Kindergarten ausgeliehen.
— *Zum Mitnehmen:* Liedblatt, Literaturliste, Figurenspiel.

▶ **Ablauf des Nachmittags:**

15.00 Uhr	Offener Beginn mit Stehkaffee und Saftbar.
15.20 Uhr	Offizielle Begrüßung, Erläuterungen zum Nachmittag, Einführung zur Bilderbuchbetrachtung (Seite 77), Bilderbuch »Das Licht des kleinen Hirten«.
15.45 Uhr	Gemeinsames Singen und Musizieren
16.10 Uhr	Gruppe Kinder: Spiel- und Bastelprogramm Gruppe Eltern: »Die Advents- und Weihnachtszeit feiern« Referat und Gesprächsimpuls (Seite 77)
17.00 Uhr	Figurenspiel für alle mit Ostheimer Krippenfiguren »Da machten sich auf Josef und Maria« (Seite 80) Gemeinsames Singen und Musizieren
17.30 Uhr	Verabschiedung Austeilen der Literaturblätter (Seite 83)

▶ **Weitere Tipps zur Organisation**
— Die Kinderbetreuung frühzeitig organisieren.
— Die Bewirtungsfrage klären (z.B.: Was können Eltern aus den Krabbel- oder Kindergartengruppen beitragen?).
— Evtl. Bücher zum Thema auslegen oder einen Büchertisch organisieren.

■ Bausteine

▶ **Impulse für eine Einführung**
— Weihnachten ist die Zeit der vielen Lichter.
— Gott begegnet uns in einem Kind.
— Von dieser Begegnung zwischen Gott und Menschen gibt es viele Geschichten. Von einem kleinen Hirten erzählen unsere Bilder heute. Siehe: Max Bolliger, »Das Licht des kleinen Hirten«, Verlag Ernst Kaufmann, 1992.
Anmerkungen zur Bilderbuchbetrachtung:
Es empfiehlt sich, den Text abzuschreiben, damit die Bilder den Zuschauern gezeigt werden können. Für Veranstalter, die das Bilderbuch nicht leihen können, empfiehlt sich die Anschaffung oder Ausleihe der gleichnamigen Diareihe (siehe Seite 83).

Referat und Gesprächsimpuls

(Alma Grüßhaber)

Die Advents- und Weihnachtszeit und ihre Symbole

▶ **Einstimmung**
Ein großes Paket oder eine Lebkuchentruhe in den Raum stellen.
Jemand aus der Runde öffnet das Paket oder die Truhe. In der Truhe befinden sich Gegenstände der Festzeit: Backförmchen für Weihnachtsgebäck, Kerzen, Gewürze wie Zimt und Nelken, Orangen, Goldfäden, Goldsterne, ein kleiner Adventskalender, ein Nikolaus, eine Krippenfigur, ein Tannenzweig, Christbaumschmuck ...

▶ **Gesprächsimpuls**
Die Teilnehmer/-innen holen sich aus dem Paket / der Truhe einen Gegenstand.
• Welche Erinnerungen an die Weihnachtszeit meiner Kindheit verbinde ich mit dem ausgewählten Gegenstand?
• Was ist mir in der Advents- und Weihnachtszeit wichtig?
• Austausch.

▶ **Referat**

In der Familie Advent und Weihnachten feiern
Feste sind »Hoch-Zeiten«, die das Leben reich und schön machen.
Das Kind braucht solche Erfahrungen. Advent und Weihnachten kehrt »alle Jahre wieder«, und gerade dies ist eine verlässliche Erfahrung für ein ganzes Leben. Wenn Sie als Eltern die Festzeit pflegen, so geben Sie Ihrem Kind

77

einen Schatz fürs Leben mit. Denn Advent und Weihnachten ist »heile Zeit«. Wir sehen es daran, dass viele der Symbole rund sind: der Adventskranz, die Christbaumkugel, manche Gebäcksorten, der Apfel, auch die Nuss. Etwas ist in Ordnung gekommen. Gott will dem Menschen begegnen – im Kind, in der Botschaft der Engel, in der Wegweisung an die drei Könige aus dem Morgenland.

Wir feiern ein Fest für alle Sinne. Es gibt viel zu sehen, zu riechen und zu schmecken. Diese Sinnlichkeit macht es uns leichter, auch ganz kleine Kinder einzubeziehen. Die »Rituale« der Adventszeit eröffnen dies: gemeinsam backen, schmücken, zusammen singen und feiern. Advent ist die Zeit der Vorbereitung. Und genau das braucht ein Kind – das Einstimmen, Warten und sich Freuen auf Kommendes. Mit den Kindern zusammen halten wir das »noch nicht« aus.

In dieser Zeit dürfen Wünsche geäußert werden. Dies setzt die Phantasie frei. Nicht jeder Wunsch wird erfüllt werden, aber das Hoffen und Träumen macht die Weihnachtszeit so geheimnisvoll.

Die Weihnachtszeit ist eine »Wiederholungszeit«. Alle Jahre wieder erinnern wir uns der Geschichten von Jesu Kommen in die Welt.

Wir Erwachsenen nehmen die Kinder mit hinein in die Lieder, Bilder und Geschichten, die ein Leben lang begleiten. Deshalb ist Weihnachten ein Fest für die Kinder – eine tiefe Sehnsucht nach Verlässlichem, Wiederkehrendem wird gestillt. Die Rituale müssen wir Eltern dafür anbieten und pflegen.

Die Adventszeit

Die Advents- und Weihnachtszeit lebt von Symbolen und Zeichen. Da gibt es den *Adventskranz* mit seinen vier Kerzen. Der grüne Kranz, Zeichen für Unendlichkeit und die vier Lichter, die Ost, West, Süd und Nord anzeigen, aber auch darauf hinweisen, dass es noch vier Sonntage bis zum Christfest sind. Johann Hinrich Wichern hat 1839 den ersten grünen Kranz in seinem Waisenhaus aufgestellt, um den Kindern das Warten auf Weihnachten zu erleichtern. So ist er bis heute Zeichen des neuen Aufbruchs – Gott kommt in einem Kind. Darauf freuen wir uns.

Der *Adventskalender* ist neueres Brauchtum. Die ersten Kalender waren mit biblischen Zeichen und Symbolen versehen – heute sind Süßigkeiten hinter den Türen. Der Kalender will Kindern und Eltern sagen: Das Leben ist mit Warten verknüpft. Immer wieder öffnet sich eine Tür.

Der *Nikolaus* kündet davon, dass auch Kinder angesehene Leute sind. In der Legende beschenkt er und ist der Gabenbringer. Dies sollte wieder entdeckt werden, denn im Lauf der Jahrhunderte wurde er eher zum Kinderschreck, weil ihm stets alle Schandtaten der Kinder zugetragen wurden. Lassen Sie Ihre Kinder die Schuhe am Vorabend zum 6. Dezember ordentlich putzen und schenken Sie kleine Gaben – und lassen Sie sich die Nikolauslegende erzählen oder machen Sie einen Erzählabend darüber.

Die Weihnachtszeit

Die *Sterne* werden als Lichterketten oder aus Gold und Papier, aus Stroh oder Bast aufgehängt. Sie sollen sagen: ein neuer Stern geht auf. Christus, der Retter wird geboren.

Das *Weihnachtsgebäck* duftet, und in seinen vielfältigen Formen sollen diese Leckereien etwas vom Duft des kommenden Gottes zeigen. Die schwäbischen »Springerle« (ein Bildgebäck aus Zuckerteig) erinnern noch daran, dass dies einst ein heiliges Backwerk war, versehen mit den Szenen der biblischen Geschichten. Die Lebkuchen duften nach den Gewürzen des Orients: Zimt, Kardamom und Nelken und erinnern an die Gaben der Heiligen Drei Könige: Gold, Weihrauch und Myrrhe.

Der *Weihnachtsbaum* erinnert an »das grüne Reis«, das erstehen wird – die Hoffnung, dass Gott einen Retter schickt.
Der Baumschmuck ist in jeder Familie anders – von Strohsternen über Glitzerschmuck und Glaskugeln oder polierte rote Äpfelchen oder Schokokringel ist alles möglich. Die Kinder werden in frühen Jahren mit dem Glanz des geschmückten Baumes überrascht. Später können sie selbst beim Schmücken mithelfen.

▶ **Impulse für ein Gruppengespräch**

Heilig Abend feiern
— Was kann einen Heiligen Abend zum besonderen Fest machen?
— Welche »nichtmateriellen Geschenke« gibt es?

Festideen für Heilig Abend
(Anregungen aus dem Gruppengespräch)

— Vorplanen und Aufgaben verteilen.
— Einfaches Abendessen am frühen Abend.
— Gemeinsamer Gottesdienstbesuch, vielleicht auch das Krippenspiel der Kinderkirche.
— Kleiner Imbiss für die Gäste (Großeltern, Paten oder wer sonst zu Gast ist).
— Die Kinder warten, bis die Weihnachtsglocke läutet.
— Gemeinsam Lieder singen oder musizieren.
— Lesung, z.B. »Die Geburt Jesu«, aus einer Kinderbibel gelesen oder eine gute Weihnachtsgeschichte, ein Weihnachtsgedicht oder ein Weihnachtsbilderbuch vorlesen.
— Weihnachtskrippe anschauen: Statt einer Lesung gemeinsam die Krippenfiguren aufstellen und dazu erzählen.
— Bescherung: Jeder zieht eine Losnummer. Nach diesen Nummern werden die Päckchen ausgeteilt – auch Kinder können so mitschauen, was die Erwachsenen für Geschenke bekommen.
— Spiel und Staunzeit: die Geschenke werden ausprobiert, Getränke und Weihnachtsgebäck stehen bereit.
— Abschluss unterm Weihnachtsbaum mit einem Lied, oder Eltern und Kinder hören noch eine Weihnachtsmusik.

▶ **Ideen für Erfahrungs-Geschenke**

Für den Adventskalender:
— Ein Backmittag
— Ein Winterspaziergang
— Eine Schneeballschlacht mit den Eltern
— Ein Theaterstück selbst schreiben und aufführen
— Einen Kinderkochtag (an diesem Tag kochen die Kinder)

Als Weihnachtsgeschenk geeignet:
— Ein Gutschein für einen Familienbesuch im Kindertheater
— Ein Familientag im Wald
— Eine Schifffahrt an einem Sommertag
— Eine Lesenacht (bei der die Kinder die ganze Nacht aufbleiben dürfen).

▶ Das Figurenspiel

VORBEREITUNG

Die Landschaft und die Gebäude
— Einen größeren Tisch oder eine Freifläche auf dem Boden
— Abdeckfolie (Malerfolie)
— Etliche Kartons oder geknüllte Zeitungen
— Sand, viele Steine, kleine Äste, Laub, Kies, Stroh, Heu
— Kleine Häuser (Holz oder Karton)
— Ein Stall, eine Futterkrippe

Die Personen und Symbole
— Ostheimer Figuren: Maria, Josef, der Wirt, die Hirten, die Drei Könige
— Vielerlei Menschen: Wanderer, Verkäufer, Kinder ...
— Esel, Ochs, Schafe, Kamele ...
— Einen Stern, eine Hirtenlampe, Geschenke für die Heiligen Drei Könige

Der Gesamtaufbau
— Auf dem Tisch oder der Freifläche die Landschaft erstellen: Hügel und Wege, eine Stadt, eine Weide etc.
— Unter die Folie Kartons und geknüllte Zeitungen legen.
— Auf die Folie den Sand, die Blätter streuen.
— Baumgruppen und Sträucher aus Ästen und Laub anbringen.
— Die Stadt Betlehem aufbauen.
— Personen und Tiere so aufstellen, dass sie bewegt werden können.

Da machten sich auf Josef und Maria
Ein Figurenspiel mit Ostheimer Figuren

Szene 1: *Verschiedene Menschen und Tiere in der Stadt Betlehem*
Viele Menschen sind heute unterwegs. Sie suchen alle nach einem Schlafplatz. Sie wohnen nur heute in der Stadt Betlehem. Weite Wege sind sie gegangen. Hier müssen sie sich auf dem Rathaus anmelden. So hat es der große Kaiser Augustus befohlen. Vor dem Rathaus stehen schon Menschen und warten, bis sie sich anmelden können. Andere eilen zu den Gasthäusern und fragen nach einer Schlafmöglichkeit.

Szene 2: *Maria, Josef, Esel*
Weit draußen sehen wir auch Leute. Staubig und heiß liegt die schmale Landstraße da. Zwei Menschen und ein Esel sind unterwegs. Mühsam gehen sie. Ist die Frau krank? Sie geht langsam, als wenn sie eine schwere Last tragen würde. Sie ist müde. Sie wird ein Kind bekommen.
Der Mann geht voran. Er sorgt sich. Wird er für seine Frau ein Bett finden in der Stadt? Schon sieht man die Dächer von Betlehem in der Ferne. Bald werden sie dort sein. Sie gehen und gehen.

Szene 3: *Verschiedene Wirte, Maria, Josef*

Am ersten Haus klopft er an. *(auf den Tisch pochen)* Es ist ein Gasthaus. »Hier können wir vielleicht übernachten«, sagt der Mann zu seiner Frau. Der Wirt kommt heraus. Er hört dem Mann gar nicht zu.

»Wir haben keinen Platz mehr«, sagt er. Beim nächsten Haus klopft der Mann wieder an *(2 x auf den Tisch pochen)* und sagt: »Wir sind müde Wanderer. Wir brauchen einen Schlafplatz. Meine Frau erwartet ein Kind.« »Ihr seid zu spät dran. Wir haben kein Bett frei«, sagt die Wirtin.

Von Haus zu Haus gehen sie und klopfen an. Oft schaut gar niemand heraus. Sie sind traurig. Endlich hat einer der Wirte einen guten Gedanken. »Ein Bett habe ich nicht, aber einen Platz – draußen im Stall, hinter den Häusern. Da könnt ihr bleiben«, sagt er, und zeigt den Wanderern den Weg. Jetzt sind sie angekommen – Maria und Josef und der Esel. In diesem Stall wird Maria ihr Kind zur Welt bringen.

Das ist die Geschichte von Weihnachten.

> *Anmerkung:*
> Bis zu dieser Szene wird am Eltern-Kind-Nachmittag erzählt. Szene 4 + 5 ist für das Feiern zu Hause aufgeschrieben.

Szene 4: *Maria, Josef, Ochs, Esel, Krippe*

Sie gehen in den kleinen Stall. Eine Kuh schläft dort und ein Esel steht auf. Daneben ist ein kleiner Platz frei. Josef legt frisches Heu und Stroh auf den Boden. Da bleiben sie. Hier bekommt Maria ihr Kind.

Szene 5: *Das Kind, Maria, Josef, die Tiere, die Krippe, der Stern*

Maria hat ein Kind bekommen. Josef holt die Futterkrippe und füllt sie mit frischem Heu. Maria legt das Kind hinein. Ein anderes Bett haben sie nicht. Das kleine Kind heißt Jesus. Es ist ein besonderes Kind. Er ist das Christuskind. Über dem Stall leuchtet ein ganz helles Licht – ein Stern. Männer, Frauen und Kinder sehen das Licht und kommen zum Stall. Alle schauen das Jesuskind an. Manche singen ihm etwas vor oder bringen Geschenke. Alle freuen sich.

Mögliche Weiterführung:

Szene 6 + 7 könnte mit den größeren Kindern erarbeitet und gespielt werden, z.B. »Die Hirten«, »Die Heiligen Drei Könige«.

Bilderbuchtext aus: Max Bolliger, »Das Licht des kleinen Hirten«,
Verlag Ernst Kaufmann, Lahr 1992, Rechte beim Autor.

Erzählung am Heiligen Abend (Szene 6+7)

Draußen auf dem Feld waren Hirten mit ihren Schafen.
Nachdem der Engel den Hirten auf dem Feld die frohe Botschaft verkündet hatte, machten sie sich auf nach Betlehem.
Die Worte des Engels gaben ihnen Flügel.
»Und das habt zum Zeichen«, hatte der Engel gesagt« Ihr werdet finden das Kind in Windeln gewickelt und in einer Krippe liegen.«

»Ein Kind«, dachten die Hirten. »Das ist ja noch ärmer als wir!«, sagten sie zueinander. Sie nahmen Geschenke mit, von dem, was sie so hatten: ein Lämmlein, einen geschnitzten Stab, ein Fell, Milch und Brot.
Der Jüngste und kleinste Hirte aber fand nichts, was er dem Kind hätte bringen können. Er besaß nichts, von dem er dachte, es könnte dem Kind Freude bereiten. Da kam ihm plötzlich seine Lampe in den Sinn. Wie sehr hatte er sich ein Lampe gewünscht, als er noch ein kleiner Junge war. Sicher brauchte das Jesuskind auch eine Lampe.
Es würde ihm schwer fallen, sich davon zu trennen. Wie würde er sich fortan wieder fürchten, allein in der Nacht auf dem Feld, allein ohne Lampe. Doch er musste dem Kind seine Lampe bringen. Entschlossen lief er den anderen Hirten nach.

Als sie zum Stall kamen, fanden sie alles so, wie der Engel es gesagt hatte: ein Kind, ganz klein. Aber da war eine unerwartete Helligkeit. Ganz geblendet standen sie da. Erschrocken starrten sie auf das Licht und getrauten sich kaum in die Nähe des göttlichen Kindes.
Der Glanz kam von den Engeln, die über dem Stall schwebten und jubelten. Er kam von der Freude, die allem Volk widerfahren war. Nur der kleine Hirte war sehr traurig. Er schämte sich mit seiner armseligen Lampe und hielt sie versteckt hinter seinem Rücken. Was hatte er sich bloß gedacht, dem König aller Könige eine Hirtenlampe schenken zu wollen! Die Enttäuschung trieb ihm die Tränen in die Augen.
Maria und Josef begrüßten die Hirten voller Dankbarkeit.
Einer nach dem anderen trat zur Krippe, fiel ehrfürchtig auf die Knie und brachte seine Geschenke dar.

Zuletzt kam die Reihe auch an den Jüngsten.
Als er sich über das Kind beugte, ergriff ihn ein großes Staunen.
Er stellte seine Lampe vor die Krippe und breitete seine leeren Arme aus. Da lächelte das Kind zum ersten Mal und wollte mit seinen winzigen Fingerchen nach dem dünnen Licht des Hirten greifen. Es verlangte sehr danach, dass Gott ein Wunder tat.

Er löschte den Glanz der Engel aus,
nur für einen Augenblick zwar, aber er löschte ihn aus.
Da brannte nur noch die kleine Lampe des Hirten
und flackerte im Wind, der durch die Mauern blies.
Es gab ein trauliches Licht.

Alle, die versammelt waren, rückten näher zusammen.
Es wurde ihnen warm ums Herz und sie hielten sich bei den Händen.
Gerne wären sie lange um das kleine Licht gekniet,
aber Gott musste die Engel wieder leuchten lassen,
damit auch die drei Könige, die schon ganz nahe waren, den Weg zur
Krippe fanden.
Die Hirten machten sich wieder auf den Heimweg zu ihren Schafen.
Lange noch erzählten sie von dem, was sie erlebt hatten.
Und wollt Ihr wissen, was mich am meisten an der Geschichte
berührt?
Dass der kleine Hirte seine Lampe mitnimmt und dann mit leeren
Händen vor Jesus steht. Im Schein seiner Lampe rücken alle zusammen. Es wird ihnen warm ums Herz. Da wird es Weihnachten.

Bücher zur Advents- und Weihnachtszeit

LIEDERBÜCHER

Heribert und Johannes Grüger, »Weihnachtsliederfibel«, 20 Seiten neue Weihnachtslieder
für Kleinkinder, Schwann-Verlag.

Ingeborg Weber-Kellermann, »Das große Buch der Weihnachtslieder«, Geschichte und
Entstehung der Weihnachtslieder, Schott-Verlag.

»Quempas«, Weihnachtlieder für die ganze Familie, Bärenreiter-Verlag.

Detlev Jöcker, »Sei gegrüßt lieber Nikolaus«, alle Advents- und Weihnachtslieder des
bekannten Liedermachers von 1980–1997, Menschenkinder Verlag, Münster 1993.

Detlev Jöcker, »Hört ihr alle Glocken läuten«, die schönsten Weihnachtslieder von Detlev
Jöcker – und viele Anregungen zum Spielen, Lesen, Basteln, Backen und Feiern in der
Weihnachtszeit, Menschenkinder Verlag, Münster 1993.

Sabine Seyffert (Lieder: *Detlev Jöcker*), »Meine Weihnachtszauberwelt«, mit neuen Spielideen, Bastelvorschlägen, kinderleichten Rezepten und Liedern, Menschenkinder Verlag,
Münster 1998.

Tipp: Zu allen Büchern von Detlev Jöcker gibt es unter gleichem Titel eine CD.

BILDERBÜCHER

Aus der Reihe «Was uns die Bibel erzählt» das Buch »Jesus ist geboren«.
Deutsche Bibelgesellschaft, Stuttgart.

Max Bolliger, »Das Licht des kleinen Hirten«, ein Bilderbuch zur Weihnachtsgeschichte für
Kinder ab 4 Jahren, Verlag Ernst Kaufmann, 1992 (vergriffen, über Büchereien ausleihen).
Gleichnamige Diaserie dazu erhältlich beim Calwer Verlag, Stuttgart.

Regine Schindler, »Sankt Nikolaus«, ein Bilder-Textbuch für 4–8-Jährige, Verlag Ernst
Kaufmann.

Ivan Gantschev, »Das Weihnachtsschiff; eine Erzählung von Menschen, die unterwegs
sind«, ab 6 Jahren, Verlag Ernst Kaufmann, 1995.

Willi Fährmann, »Roter König – weißer Stern«, mit Bildern von Jindra Capek. Die Geschichte vom Indianerhäuptling Silbermond, der über Berge und Meere hinweg dem Stern folgt. Für Kinder ab 8 Jahren, Arena-Verlag, 1998.

BRÄUCHE UND FESTE

Sybill Gräfin Schönfeld, »Das große Ravensburger Buch der Feste und Bräuche«, Ravensburger Verlag.

Otto Schließke, »Apfel, Nuß und Mandelkern«, die Bräuche der Weihnachtszeit, Schriftenmissionsverlag, Gladbeck.

Renate Schupp, Rosemarie Deßecker (Hrsg.), »Bald nun ist Weihnachtszeit«, Grosses Geschichtenbuch zum Vorlesen für die Familie, Verlag Ernst Kaufmann.

Komm, wir gehn nach Bethlehem

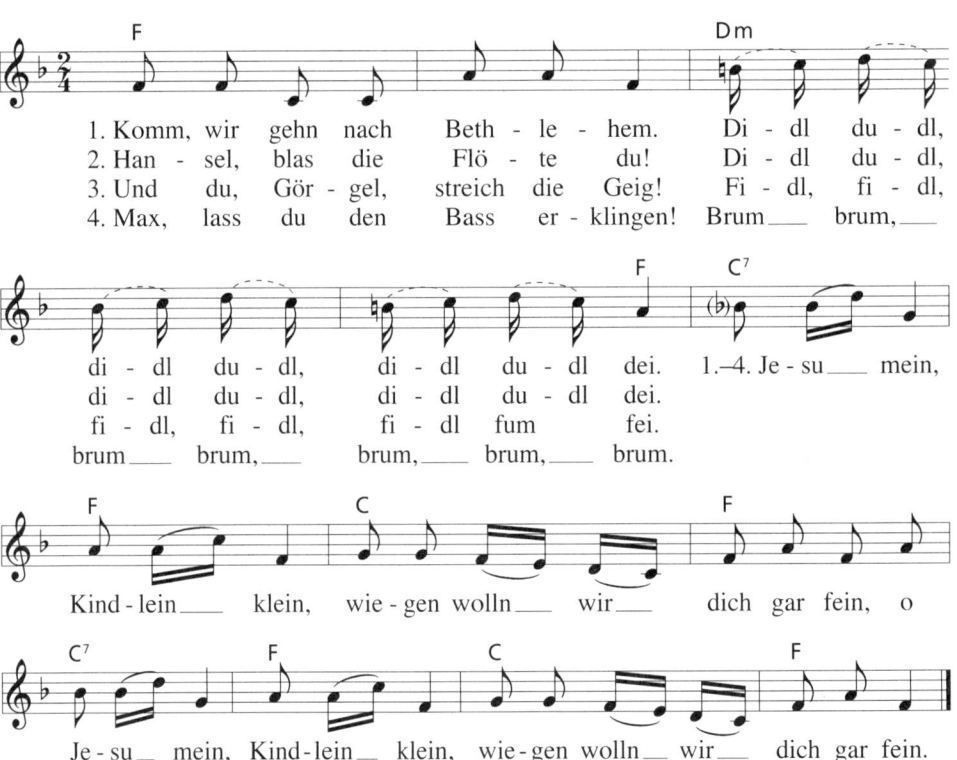

1. Komm, wir gehn nach Bethlehem. Di - dl du - dl,
2. Han - sel, blas die Flö - te du! Di - dl du - dl,
3. Und du, Gör - gel, streich die Geig! Fi - dl, fi - dl,
4. Max, lass du den Bass er - klingen! Brum brum,

di - dl du - dl, di - dl du - dl dei. 1.–4. Je - su mein,
di - dl du - dl, di - dl du - dl dei.
fi - dl, fi - dl, fi - dl fum fei.
brum brum, brum, brum, brum.

Kind - lein klein, wie - gen wolln wir dich gar fein, o

Je - su mein, Kind - lein klein, wie - gen wolln wir dich gar fein.

Satz und Weise: volkstümlich aus Böhmen, Bearbeitung: Karl Heinz Taubert, © by Ries & Erler, Berlin

Rechte Seite: Beispiel für persönliches Anschreiben, ▶
das 4 Wochen vor dem Termin an alle Eltern verschickt wird.

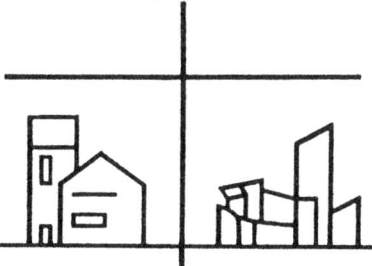

(Pfarramt)
(Pfarrer/-in N.N.)
(Straße)
(Ort)

(Telefon)

(Datum)

Sehr geehrte, liebe Eltern!

Sie und Ihre Kinder wohnen in unserer Gemeinde. Wir laden Sie herzlich ein
zu einem Elterntreffen mit Kleinkindern und Geschwistern. Es findet statt am

Samstag, (Datum) von 15.00 bis 17.30 Uhr

im Gemeinderaum (der Pfarrei N.N.)

Ab 15.20 Uhr möchten wir miteinander singen und spielen und nachdenken über die
Advents- und Weihnachtszeit. Wie können wir mit kleinen Kindern feiern?
Während eines informativen Teils des Nachmittags wird Kinderbetreuung angeboten.
Den Nachmittag möchten wir gemeinsam mit den Kindern anhand eines
konkreten Beispiels zum Thema beschließen.

Wir freuen uns auf die Begegnung mit Ihnen!

Es grüßt Sie die Vorbereitungsgruppe:

(Unterschriften)

Advent und Weihnachten feiern mit kleinen Kindern

Wir laden ein zu einem Treffen
für Eltern mit Kleinkindern

am **Samstag,** (Datum)
von 15.00 bis 17.30 Uhr

im Gemeinderaum der
(Pfarrei N.N.)

Wir freuen uns auf die Begegnung mit Ihnen!

Es grüßt Sie die Vorbereitungsgruppe:
(Namen aufführen)

Familienaktionstage

Eine Jux-Olympiade: Spielideen für Jung und Alt

Eine Spielstraße für Großgruppen

Jürgen Vietense, Alma Grüßhaber

Zum Thema

■ Einführung

Wenn 200 Kinder und Erwachsene bei uns im ev. Feriendorf (Tieringen, Schwäb. Alb) ihren Urlaub machen, gibt es hin und wieder die Jux-Olympiade. Dieser Spielparcours kommt stets gut an, verbindet und verbündet jung und alt. Zur Durchführung braucht man allerdings ein großes Gelände und für die jeweilige Station einen Spielleiter, der einweist und die Punkte verteilt. Wer keine Mitarbeiter/-innen dafür hat, sollte für jede Station ein Plakat mit der Spielanweisung schreiben und gut sichtbar anbringen. Dann müsste eben jede Gruppe einen »Juxführer« wählen, der den Punktestand auf ein Blatt einträgt (Vorlage Seite 96).

Diese Jux-Olympiade kann bei einem Gemeindefest oder bei einer Familienfreizeit durchgeführt werden und ist eine Spielaktion mit interessanten, abwechslungsreichen und lustigen Stationen. Dabei wird der Spaß und die Freude sehr groß geschrieben, weniger die erbrachte Leistung. Natürlich wird der Wettkampfcharakter nicht ganz ausgeschlossen, steht aber nicht so sehr im Vordergrund. Zum Schluss wird eine Siegermannschaft ermittelt und evtl. mit einem Preis geehrt. Die einzelnen Teilnehmer erhalten eine Urkunde (Vorlage Seite 97).

Spielerfahrungen

— Die Erwachsenen spielen zusammen mit den Kindern. Es wird nicht nach Alter und Geschlecht getrennt, also nicht hier Kinderspiel und dort Erwachsenenaktionen. Das gemeinsame Erleben und Tun von Kindern und Erwachsenen steht im Mittelpunkt.
— Keinerlei sportliche Voraussetzungen müssen vorhanden sein, lediglich die Bereitschaft zum Spielen.
— Jede und jeder wird bei dieser Spielaktion gebraucht, da verschiedene Gaben und Fähigkeiten gefragt sind. Einmal ist Geschicklichkeit gefragt, ein andermal das Tempo oder eine gewisse Ausdauer. Das eine Spiel ist besser für Kinder geeignet, das andere mehr für Erwachsene.
— Die Gemeinschaftserfahrung steht im Mittelpunkt. Es wird freigestellt, ob die Familien zusammenbleiben oder sich in verschiedene Spielgruppen aufteilen.

Einzelstationen und Materialliste der Jux-Olympiade

▶ **Alte Freunde treffen – ein Wurfspiel**
Material: 10 Kartonstücke, 1 x 2 m, 10 Holzstäbe, Durchmesser 4 cm, Länge 2 m, Bleistifte, Farben (Abtönfarben und dicke Filzstifte), alte Kleidungsstücke, evtl. Lack zum Fixieren der Farben, Tesakrepp sowie 3 alte Fahrradreifen.
Werkzeug: Papiermesser, Scheren, Pinsel, einen Hammer.

▶ **Pendelschwingen – ein Geschicklichkeitsspiel**
Material: 3 Holzlatten, 1,50 – 2 m lang, 2 – 3 m Schnur, ein Stofftuch, Sand, 3 Softbälle.
Spielstation: Platz für den Dreibock, Abschusslinie auf dem Boden markieren.

▶ **Lanzenwurf – ein Partnerspiel, bei dem Geschicklichkeit gefragt ist.**
Material: Ein Holzstab = Lanze, 50–70 cm Länge, glatt geschmirgelt; ein Holzpfosten, 2–3 m hoch, Latte als Querstab, ca 50 cm, diese oben am Pfosten befestigen. Daran einen alten Fahrradreifen mit einem Seil anbinden.

▶ **Herr Ober lässt bitten – ein Balancierspiel**
Material: Ein dickes Seil, 20 m lang, ein Tablett, 10 Plastikbecher, ein Eimer Wasser als Reserve, ein Handtuch.
Spielstation: Eine Gehstrecke mit dem Seil auslegen. Beim Spiel muss auf dem Seil gegangen werden.

▶ **Känguruhhüpfen – ein Geschicklichkeitstest**
Material: Ein kleinen Eimer, ein Stofftier, Stoppuhr.
Spielstation: Eine abgesteckte Strecke.

▶ **Bierkrugstemmen – ein Krafttest**
Material: Einen Bierkrug, ein Eimer Wasser, ein Gefäß zum Wasserschöpfen, Stoppuhr.
Spielstation: Eine Sitzgelegenheit.

▶ **Die Riesenspur – ein Fortbewegungsspiel**
Material: Zwei stabile Riesenfußspuren, z. B. aus Karton oder Teppichfliesen, Stoppuhr.
Spielstation: Abgesteckte Strecke.

▶ **Fische angeln – ein Konzentrationsspiel**
Material: »Fische« aus Papier, mit einer Büroklammer versehen. Ein Holzstab, eine Schnur und ein kleiner Magnet, der an der Schnur befestigt werden kann. Evtl. eine Plastiktüte oder ein kleiner Eimer für die Beute, Stoppuhr.
Spielstation: Ein großer leerer Eimer oder Papierkorb oder eine Wanne.

▶ **Indische Fakire – ein Kreativitätsspiel**
Material: Viele alte Zeitungen, einen Müllsack zum Wegpacken.
Spielstation: Einige Bier- oder Gartentische.

89

▶ **Löwenschwanz - Orientierungsspiel**

Material: Lebensgroßer Löwe ohne Schwanz, der auf Tapete oder Packpapier gemalt ist. Das Gemälde auf einem Karton oder an einer Stellwand befestigen (Untergrund muss ermöglichen, dass eine Reiszwecke oder eine Pinnwandnadel hält). Einen »Schwanz« aus Bindfaden oder Wolle flechten und bereitlegen, ebenso etliche Reißzwecken oder Pinnwandnadeln und eine Augenbinde.

Spielstation: Stellwand oder Karton mit Löwenbildnis, eine Markierung auf dem Boden anbringen (ca. 2–3 m vor dem Bildnis).

▶ **Taucherslalom – Geschicklichkeitsspiel**

Material: Ein paar Taucherflossen, eine Taucherbrille, Stoppuhr.

Spielstation: Slalomstrecke (etwa 20 m). Dafür Stöcke, Kisten, Dosen, Säcke aufstellen, evtl. eine Wasserpfütze einbeziehen.

▶ **Was jeder Spielleiter benötigt**

— Einen Laufzettel (Vorlage Seite 96).

— Einen Kugelschreiber.

— An fünf Stationen wird eine Stoppuhr gebraucht. Wenn nicht so viele Stoppuhren vorhanden sind, evtl. einen Spielleiter ernennen, der die Zeiten stoppt (seine Uhr sollte einen Sekundenzeiger haben).

Organisation und Werbung

▶ Der Spielparcours muss vor Spielbeginn aufgebaut sein. Wenn möglich, ist bei jeder Station ein/e Mitarbeiter/-in, die in den Spielablauf einführt und das Material austeilt. Andernfalls muss ein Plakat mit den Spielvorga ben angebracht werden.

▶ Die Gruppengröße festlegen: 5–10 Personen, je nach Gesamtgruppe. Die Spielgruppeneinteilung kann nach Familien erfolgen – manche Kinder spielen vielleicht auch gerne bei befreundeten Familien mit.

▶ Vorgabe für die Anzahl der Spieler an jeder Station:
a) Alle aus der Gruppe spielen bei jeder Station, oder
b) es werden immer nur zwei Spieler ausgewählt.

▶ Die Reihenfolge der Spielstationen wird nicht vorgegeben. Jede Gruppe kann selbst entscheiden, mit welchem Spiel begonnen wird, was danach angegangen wird. Es ist jedoch darauf zu achten, dass sich an den Stationen keine zu langen Warteschlangen bilden. Jede Gruppe muss alle Stationen durchlaufen.

▶ Alle Spielmannschaften erhalten einen Laufzettel mit den verschiedenen Spielen. Auf dem Zettel sind die Stationen und die Punktewertung eingetragen (Vorlage Seite 96).

▶ Zu Beginn wählt die Gruppe ihren Spielleiter oder ihre Spielleiterin. Sie/er ist für den Spielablauf verantwortlich und trägt jeweils den Punktestand in den Laufzettel ein.

▶ An jeder Station können Punkte erzielt werden. Keine Spielgruppe geht leer aus.

▶ Bei allen Spielbeschreibungen sind ungefähre Zeit- oder Zielangaben für die Punktevergabe gemacht, da dies auch von den Möglichkeiten des jeweiligen Spielgeländes abhängt.

▶ Die Spielgruppe mit der höchsten Punktzahl ist Siegerin der Jux-Olympiade.

▶ Eine hübscher Ausklang ist die Würdigung jedes Mitspielers mit einer Urkunde. Die »Ehrung« kann mit Musik umrahmt werden.

Spielbeschreibungen

▶ **Alte Freunde treffen**

▷ *Spielbeschreibung:* Ein Wurfspiel mit Fahrradreifen, das etliche Geschicklichkeit fordert. Aus Pappkarton werden lebensgroße Figuren ausgeschnitten, bemalt oder beklebt. Auf der Figur ist eine Punktzahl vermerkt (z. B. 1, 3, 5, 10, 20, 30, 50, 70, 99, 100). Jede Figur wird mit Tesakrepp an einer Stange befestigt und im Abstand von 50 bis 70 cm in den Boden gesteckt, die Bemalung nach vorne, die niedere Punktzahl vorne, die höheren Zahlen nach hinten. Dann wird eine Abstandslinie auf den Boden gemalt oder per Schnur gelegt und die Fahrradreifen abgelegt. Jeder Spieler hat drei Würfe.
▷ *Zeitvorgaben:* Zeit für drei Würfe pro Spieler. Außerdem muss zum Zurückholen der Reifen und zum Aufstellen oder Geraderücken der Spielfiguren etwas Zeit eingerechnet werden.
▷ *Punktevergabe:* Punktzahl je nach getroffener Figur
▷ *Material und Vorbereitung:* Die Figuren sind etwas aufwendig herzustellen, können aber mehrfach verwendet werden. Dazu alte Verpackungsmaterialien verwenden, ggf. mit einem Papiermesser zuschneiden. Man kann auch alte Kleidungsstücke überziehen oder Perücken und Hüte verwenden. Die Stöcke können im Baumarkt beschafft werden, alte Fahrradreifen hat der Fahrradhändler. Den Abstand zum Reifenwerfen mit etwa 5–10 Meter veranschlagen – für Kleinkinder evtl. nur Bälle bereitlegen.
▷ *Varianten oder andere Spielformen:* Statt der Personen Tiere herstellen. Den Tieren ein geöffnetes Maul verpassen. Statt der Reifen wird mit Tennisbällen geworfen, die ins Maul getroffen werden müssen.

▶ **Pendelschwingen**
▷ *Spielbeschreibung:* Ein Geschicklichkeitsspiel, bei dem eine ruhige Hand gefragt ist. An einem Dreibock wird ein Stoffball befestigt, der an einer 40 cm langen Schnur hängt. Aufgabe ist es, diesen Stoffball per Ballwurf so zu treffen, dass dieser auspendelt. Jeder Spieler hat drei Würfe.
▷ *Zeitvorgabe:* Zeit für je drei Würfe pro Spieler.
▷ *Punktevergabe:* Pro Wurf drei Punkte.

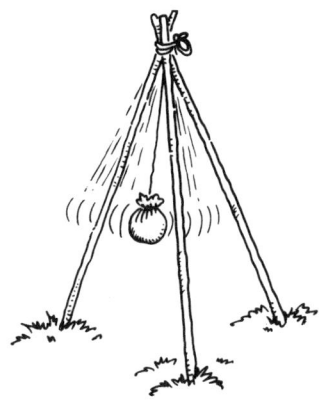

▷ Vorbereitung und Material: Drei Holzlatten zu einem Dreibock zusammenbinden. Ein Stück Stoff (30 x 30 cm) mit Sand füllen, als Kugel zusammenknoten und das Ende der Schnur am Dreibock in der Mitte befestigen. Darauf achten, dass das Pendel gut ausschlagen kann. Eine Schusslinie auf dem Boden markieren.

▷ Varianten: Drei Spieler werfen gleichzeitig auf das Pendel – der Erfolg wird für die Gruppe gewertet.

▷ *Andere Variante:* Das Wunschpendel. Zu wem das Pendel ausschlägt, der darf sich etwas wünschen.

▶ Lanzenwurf

▷ *Spielbeschreibung:* Ein Partner-/Geschicklichkeitsspiel besonderer Art: An einem zwei Meter hohen Pfosten wird ein Querstab befestigt. Daran wird ein Fahrradreifen aufgehängt. Ein Erwachsener ist das Pferd, ein Kind setzt sich auf den Rücken und bekommt in die Hand einen Holzstab = Lanze. Dieser muss durch den Reifen geworfen werden.

▷ *Punktevergabe:* Jedes Reiterpaar hat drei Anläufe frei. Pro getroffenem Lanzenwurf gibt es drei Punkte. Wenn keine »kleinen Reiter« in der Mannschaft sind, muss der Abstand zum Ring vergrößert werden und die Spieler werfen die Lanze frei – ebenfalls mit drei Spielchancen.

▷ *Material und Vorbereitung:* Vorhandene Stange nützen (z.B. ein Korbballständer) oder extra dafür herstellen. Statt eines Fahrradreifens kann auch ein Gymnastikreifen aufgehängt werden. Die »Lanze« sollte aus glattem Material sein, damit die Lanzenwerfer sich nicht verletzten. (ggf. einen Holzstab abschleifen).

▷ *Varianten oder weitere Spielformen:* Statt eines Holzstabs könnten auch Bälle durch den Reifen geworfen werden.

▶ Herr Ober lässt bitten

▷ *Spielbeschreibung:* Ein Balancierspiel, bei dem Geschicklichkeit gefragt ist. Auf einem Tablett werden 10 Plastikbecher gestellt, die mit Wasser gefüllt sind. Die Strecke, die das Tablett zu tragen ist, ist mit einem dicken Seil ausgelegt, das etwa 20 m lang ist und in Kurven ausgelegt ist. Der Spieler hat das Tablett in einer Hand zu tragen und muss auf Seil laufen.

▷ *Punktevergabe:* Jeder volle Becher zählt 10 Punkte. Wer alle Wasserbecher gefüllt ans Ziel bringt und nicht vom Seil rutscht, erhält 100 Punkte.

▷ *Vorbereitung und Material:* Ein Seil wird ausgelegt, Becher und Tablett bereitgestellt. Ein Wassereimer sollte zum Nachfüllen an der Spielstation stehen, ggf. auch ein Handtuch zum Abtrocknen.

▷ *Varianten oder andere Spielformen:* Erschwerende Spielform: In der anderen Hand muss ein geöffneter Regenschirm getragen werden. Oder das Tablett muss auf dem Kopf balanciert werden.

▶ Känguruhhüpfen

▷ *Spielbeschreibung:* Hüpfspiel, bei dem besondere Geschicklichkeit gefragt ist. Mit geschlossenen Füßen müssen die Spieler eine vorgegebene Strecke hüpfen. Dabei ist mit beiden Händen ein Eimer festzuhalten, indem sich ein Stofftier oder ein Ball befindet. Der Gegenstand darf nicht herausfallen. Geschieht dies, muss das Hüpfen unterbrochen werden und der Gegenstand in den Eimer zurückgelegt werden.

▷ *Zeitvorgabe:* Drei Zeitzonen vorgeben.

▷ *Punkteverteilung:*
  Zeit 1: 3 Punkte
  Zeit 2: 6 Punkte
  Zeit 3: 9 Punkte

▷ *Vorbereitung und Material:* Eine Strecke markieren. Einen Eimer, ein Stofftier oder einen Ball und eine Stoppuhr bereitlegen. (Wenn keine Mitarbeiter/-innen an der Station sind, erhält der Spielleiter die Stoppuhr.)

▷ *Varianten oder andere Spielformen:*
— Die Strecke muss rückwärts-hüpfend bewältigt werden.
— Paarhüpfen: Zwei Spielpartner; diese werden jeweils mit einem Bein aneinander gebunden und müssen so die Strecke bewältigen.

▶ Bierkrugstemmen

▷ *Spielbeschreibung:* Die Anregung zu diesem Krafttest stammt aus Bayern. Es geht dabei um Muskelkraft und Ausdauer. Ein mit Wasser gefüllter Bierkrug wird mit ausgestrecktem Arm so lange wie möglich waagrecht gehalten.
▷ *Zeitvorgaben:* Je nach Alter werden drei Zeitzonen vorgeben. Beispiel:
4 –8 Jahre: 0 –19 sec
9 –12 Jahre: 20 –39 sec
ab 12 Jahren: 40 –70 sec.
▷ *Punktevergabe*: 3, 6 oder 9 Punkte. In der jeweiligen Alterszone gibt es drei Punktemöglichkeiten.
▷ *Material und Vorbereitung:* Eine Stoppuhr, einen Bierkrug, einen Eimer Wasser nebst Gefäß zum Nachfüllen des Bierkruges.
▷ *Varianten oder neue Spielformen:* Das Bierkrugstemmen sitzend ausführen. Dazu ist eine Sitzgelegenheit (Bank, Stuhl oder Baumstamm) und ein weiterer Bierkrug bereitzustellen.

▶ Auf den Spuren eines Riesen

▷ Spielbeschreibung: Ein Fortbewegungsspiel besonderer Art: Eine vorgegebene Strecke muss überwunden werden, indem die Läuferin oder der Läufer jeweils eine Riesenfußspur aufhebt und für den nächsten Schritt wieder ablegt. Es darf nur auf die Spur getreten werden. Wer daneben tritt, bekommt Punkte abgezogen.
▷ *Zeitvorgabe:* Drei Zeitzonen angeben.
▷ *Punktevergabe:* 3, 6 oder 9 Punkte.
▷ *Vorbereitung und Material:* Eine Laufstrecke (z.B. 20 m) abstecken, zwei Riesenfußspuren und eine Stoppuhr bereitlegen.
▷ *Varianten oder neue Spielformen:* Zwei Spielpartner laufen gleichzeitig los und müssen sich auf dieselbe Spur stellen.

▶ Fische angeln

▷ *Spielbeschreibung:* Geschicklichkeitsspiel, bei dem die Spieler in einer vorgegebenen Zeit möglichst viele Fische zu angeln haben. Als Angel dient ein Holzstab mit Schnur. Daran ist ein Magnet befestigt. Die »Fische« sind aus Papier gefaltet oder ausgeschnitten und vorne mit einer Büroklammer (aus Metall) versehen.
▷ *Zeitvorgabe:* Eine Zeitvorgabe – z.B. 2 Minuten für jeden Spieler.
▷ *Punktevergabe:* Die Punkteanzahl (1–10 Punkte) auf die Fische schreiben. Die Punktzahl der geangelten Fische wird zusammengezählt.
▷ *Vorbereitung und Material:* Eine Plastikwanne, einen Eimer oder einen Papierkorb als Angelsee aufstellen. Verschiedene Fische aus Altpapier herstellen, mit einer Büroklammer versehen und mit der Punktezahl beschriften. Die Angel aus einem Stock, einem Stück Schnur und dem Magnetstück herstellen.
▷ *Varianten oder neue Spielformen:* Die Fische in verschiedener Größe her-

93

stellen. Höchste Punktzahl hat, wer die dicksten Fische fängt. »Strandgut« wie Dosen, Schuhe und Sonstiges wird dazwischengeschmuggelt und gibt Punkteabzug.

▶ Indische Fakire

▷ *Spielbeschreibung:* Kreative Fähigkeiten sind gefragt, damit Riesenschlangen erstehen: Jeder Spieler soll aus einem Zeitungsblatt innerhalb einer vorgegebenen Zeit eine lange, zusammenhängende Papierschlange reißen.
▷ *Zeitvorgabe:* Mindestens zwei Minuten Zeit vorgeben.
▷ *Punktevergabe:*
    0 – 1 m = 3 Punkte
    1 – 2 m = 6 Punkte
    länger als 2 m = 9 Punkte
▷ *Vorbereitungen und Material:* Tische oder Bänke aufstellen, einen Stapel einzelne Zeitungsseiten auflegen, ein Maßband und eine Stoppuhr bereitlegen.
▷ *Varianten oder neue Spielformen:*
— Die Papierschlange wird mit der Schere geschnitten.
— Es müssen andere Tiere ausgerissen werden.

▶ Löwenschwanz

▷ *Spielbeschreibung:* Geschicklichkeitsspiel, bei dem es viel zu lachen gibt. Auf einer Tafel, einem großen Kartonstück oder einem Papier, das an einer Wand befestigt ist, ist ein Löwe aufgezeichnet. Was dem Tier fehlt, ist der Schwanz. Der Spieler hat diesen anzubringen. Er bekommt aber dazu die Augen verbunden und erhält ein geflochtenes Schwänzchen nebst Reißzwecke in die Hand. Etwa 5 – 8 m vor der Tierzeichnung ist eine Startlinie, von der aus der Spieler auf das Tier zugeht und den Schwanz an die richtige Stelle bringt. Die meisten Punkte gibt es, wenn der richtige Platz getroffen wird.
▷ *Zeitvorgabe:* Keine
▷ *Punktevergabe:* Auf dem Löwen gibt es drei »Zonen«. Wer den exakten Punkt trifft, erhält 9 Punkte, ungenauere Fixierungen 6 oder 3 Punkte.
▷ *Vorbereitungen und Material:* Einen Löwen in Lebensgröße zeichnen. Drei Zonen markieren, die für den Schwanz in Frage kommen. An einer festen Wand oder Tafel anbringen. Einen Schwanz aus Schnur oder Wolle flechten, etliche Reißzwecken und eine Tuch bereitlegen. Abstandslinie auf dem Boden markieren.
▷ *Varianten oder andere Spielformen:* Statt dem Löwen einen anderen Vierbeiner auswählen und zusätzlich die Augen aufmalen oder den Kopf oder die Beine zeichnen lassen.

▶ Taucherslalom

▷ *Spielangebot:* Ein Geschicklichkeitsspiel, das auch Landratten begeistern wird. Der Spieler muss Schwimmflossen anziehen und eine Taucherbrille aufsetzen. Dann ist eine Wegstrecke auf Zeit zu bewältigen. Der Taucher muss Slalom laufen und an etlichen Hindernissen vorbeigehen, ohne diese umzuwerfen oder hineinzutreten.
▷ *Zeitvorgabe:* 2 Minuten.
▷ *Punktevergabe:* Bei ganzer Strecke 9 Punkte, bei halber Stecke 6 Punkte, bei einem Viertel der Strecke 3 Punkte. Abzug jeweils für jeden umgeworfenen Gegenstand.
▷ *Vorbereitung und Material:* Eine Laufstrecke wird abgesteckt. Wie beim Skislalom wird eine Strecke mit Hindernissen versehen, die der Läufer umge-

hen muss (z. B. Stöcke, Kisten, Dosenstapel, Säcke, Bälle, evtl. auch eine Wasserpfütze zum Umgehen). Schwimmflossen und Taucherbrille bereitlegen.

▷ *Varianten oder neue Spielformen:*
— Zusätzlich in jeder Hand einen Eimer Wasser tragen.
— Mit Skischuhen oder Skiern könnte auch eine »Bergbesteigung« gespielt werden.

▶ **Tipps für Laufzettel und Siegerurkunde**
▷ *Laufzettel:* Folgendes sollte auf einem Laufzettel vermerkt sein:
    1. Der Name der Gruppe oder Familie
    2. die Stationen und ihre Punktezahl
    3. die Gesamtpunktzahl
    4. Ggf. die Unterschrift des Parcoursleiters, damit Mogeln ausgeschlossen ist.
▷ *Siegerurkunde:* Entweder werden Einzelurkunden verteilt oder die Gruppe erhält eine Siegerurkunde gemeinsam.

Bevorzugt man die Gemeinschaftsurkunde, könnte diese als Puzzle gestaltet werden, d.h. die Urkunde wird zuvor in die erforderliche Anzahl kleinere Stücke auseinandergeschnitten und nachher zusammengesetzt. D.h. jede Gruppe erhält bei der jeweiligen Spielstation ein Puzzleteil und am Schluss einen Bogen Papier und Klebstoff und setzt die Urkunde zusammen.

Literatur

Jürgen Fritz (Hrsg.), »Rallyes bei Tag und Nacht«, Rallyes zu Fuß oder mit anderen Fortbewegungsmitteln, Ökotopia-Verlag, Hafenweg 26, 48155 Münster, E-mail: info@ökotopia-verlag.de, Bestell-Nr. 20970

Almuth Bartl, »Fun Olympics«, über 70 Disziplinen mit Geschick und Witz für alle von 5–99 Jahren, Ökotopia-Verlag, 48155 Münster, E-mail: info@ökotopia-verlag.de, Bestell-Nr. 20094

Eckhard Rüger, Dietmar Kwast, »Die Nonsens-Olympiade«, Nonsens-Sport-arten, Disziplinen, Schnippelseiten und Vorschläge für Laufzettel nebst einer Grafik-Werkstatt, AOL-Verlag, Lichtenau, Tel. 07227-4349, Fax O7227-8284

Jürgen Fritz, »Abenteuerliche Erlebnisspiele«, Abenteuerspiele zum Austesten von Grenzen und Kräften, Ökotopia-Verlag, 48155 Münster, E-mail: info@ökotopia-verlag.de, Bestell-Nr. 20969

Martin Völkening, »Meine schönsten kooperativen Spiele«, Spiele für Gruppen, Seminare, Freizeit und Zeltlager, Ökotopia-Verlag, 48155 Münster, E-mail: info@ökotopia-verlag.de, Bestell-Nr. 20858

für die Jux-Olympiade

| Gruppe / Familie _____

Unterschrift:

- Alte Freunde treffen _____ Punkte _____

- Pendelschwingen _____ Punkte _____

- Lanzenwurf _____ Punkte _____

- Herr Ober lässt bitten _____ Punkte _____

- Känguruhhüpfen _____ Punkte _____

- Bierkrugstemmen _____ Punkte _____

- Die Riesenspur _____ Punkte _____

- Fische angeln _____ Punkte _____

- Indische Fakire _____ Punkte _____

- Löwenschwanz _____ Punkte _____

- Taucherslalom _____ Punkte _____

- _____ _____ Punkte _____

- _____ _____ Punkte _____

- _____ _____ Punkte _____

_____ Gesamt-Punktzahl

Siegerurkunde

für
_____
(Familie / Gruppe)

für hervorragende Leistungen
bei der

Jux-Olympiade

am
_____

in
_____

_____
Unterschrift

Eine Gemeinderallye

Pia Biehl, nach einer Idee von Angelika Berels und Dorothee Weber

Zum Thema

■ Hinführung

Die vorliegende Gemeinderallye ist aus der Idee heraus entstanden, einen Einstieg in einen Familientag zu finden. Die meisten Teilnehmer, die einen ganzen Tag miteinander verbringen wollten, kannten sich bisher nur vom Sehen oder noch gar nicht. Nach einer großen Vorstellungsrunde wurden die Teilnehmer bunt gemischt auf Tour geschickt, um Fragen und Aufgaben rund um Kirche und Kirchturm zu lösen.

Diese Gemeinderallye bietet kein tagesfüllendes Programm, sondern dient dazu, zu Beginn einer Veranstaltung durch gemeinsames Spiel die Teilnehmer miteinander ins Gespräch zu bringen und in einer lockeren Atmosphäre das Kennenlernen zu ermöglichen. Denkbar wäre eine solche Rallye auch im Rahmen eines Pfarr- oder Gemeindefestes.

Viele der im Folgenden abgedruckten Fragen sind sehr spezifisch auf die Pfarrgemeinde St. Joseph in Weidenau bezogen. Sie sollen einfach Ideenvorlage sein. Eine solche Rallye lebt vom Lokalbezug. Passen Sie die Fragen den Gegebenheiten Ihrer Gemeinde an.

Die Aufgaben verteilen sich gleichmäßig in und rund um Kirche und Pfarrheim und die nähere Umgebung. Alle Stationen sollten noch in Sichtweite des Gemeindezentrums und zu Fuß zu erreichen sein.

Materialliste, Organisation und Ablauf

▶ **Material**

▷ In Puzzleteile geschnittene Postkarten, pro Teilnehmergruppe (4–6 Teilnehmer, altersgemischt) eine Postkarte.

▷ Pro Gruppe:
— Ein Klemmbrett oder feste Schreibunterlage, Kugelschreiber
— Aufgaben- und Fragebogen
— Stifte und Zeichenpapier
— Zollstock oder Metermaß

▷ Für weitere Aufgabenstationen:
— Bilder von Funktionsträgern der Gemeinde
— Karten mit Berufen
— Klebestifte
— Bibeln
— Gruppentische für die »schriftlichen« Aufgaben

▶ Mitarbeiter

Sinnvoll ist, die Stationen »Berufe raten« und »Bibelwissen« mit je einem Mitarbeiter / einer Mitarbeiterin zu besetzen.
Nach Beendigung der Rallye wird eine Jury gebraucht, die die Bögen auswertet.

▶ Preise

Die Gewinnerteams freuen sich über eine kleine Anerkennung. Sei es eine Tüte Bonbons, die im Team aufgeteilt werden kann, oder seien es Urkunden oder »Medaillen«. Da sind der Fantasie keine Grenzen gesetzt. Vielleicht gibt es als ersten Preis ja die Besteigung des Glockenturms unter fachkundiger Führung des Ortspfarrers?

▶ Noch ein Tipp

Sind Personen, Einrichtungen oder Institutionen (in diesem Vorschlag ein Alten- und Pflegeheim) in die Gemeinderallye mit einbezogen, ist es sinnvoll, sie vorher zu informieren, damit sie dem zu erwartenden Ansturm neugieriger Fragen gewappnet sind und nicht nach der dritten Gruppe genervt reagieren.

▶ Gruppenfindung

In der Gemeinde St. Joseph, aus der dieser Vorschlag stammt, gibt es Postkarten zu den Kirchenfenstern der Pfarrkirche.
Pro Gruppe (4–6 Teilnehmer) wird eine Postkarte in Puzzleteile aufgeteilt und auseinandergeschnitten. Um die gleichmäßige Aufteilung von Erwachsenen und Kindern zu gewährleisten, kommen die Puzzleteile einer Karte zu gleichen Teilen in einen Erwachsenen- und in einen Kinderkorb.
Nachdem Erwachsene und Kinder sich je ein Teil gezogen haben, wird geschaut, welche Teile ein Kirchenfenster bilden und schon sind die Gruppen gefunden.
Die Puzzleteile müssen als Bild aufgeklebt werden, da sie im Verlauf der Rallye noch gebraucht werden:
Natürlich können auch andere Bilder als Puzzlevorlage genommen werden.

▶ Die Aufgaben

Wie bereits erwähnt, sind die im Folgenden abgedruckten Fragen und Aufgaben sehr gemeindespezifisch und müssen den jeweiligen örtlichen Gegebenheiten angepasst werden.
Hier nun einige Hinweise zu den Fragen, die sich nicht selbst erklären:

▷ *Wie viele Betten hat das Alten- und Pflegeheim?*
  Befindet sich kein Altenheim in Kirchenähe, dann vielleicht ein Krankenhaus oder Hotel?

▷ *Berufe raten*
  An dieser Station werden Bilder von Funktionsträgern der Gemeinde ausgelegt: z.B. Pfarrer / Pastor, Küster, Gemeinderefent/-in, Organist/-in, Vorsitzende/r des Pfarr-/Kirchengemeinderats, Pfarrsekretärin, Pfarrhaushälterin etc.
  Bunt gemischt daneben liegen Kärtchen mit den Berufsbezeichnungen der jeweiligen Personen, die zuzuordnen sind. Spaß bringen Zusatzkarten, wie z.B.: Kirchenmaus, Bischof, Glöckner ...

99

▷ *Sicher in Sachen Bibel?*
Hier werden mehrere Bibeln ausgelegt (auf gleiche Übersetzung achten), in denen es gilt, Bibelstellen im Alten und Neuen Testament ausfindig zu machen und die gesuchten Wörter zu notieren.
Beispiel:
Das 4. Wort in 1 Mose / Gen 10,21 lautet? ...

▷ *Wie viele Pfeifen hat die Orgel?*
Da lohnt es sich, Informationen beim Organisten einzuholen. Diese Frage macht immer wieder viel Spaß, weil sich die Rallyeteilnehmer in der Regel dazu verleiten lassen, lediglich die sichtbaren Pfeifen zu zählen und ganz erstaunt sind, wie viele, nicht sichtbare Orgelpfeifen die Orgel hat.

▶ **Punktesystem**

▷ Eindeutig zu beantwortende Fragen werden pro richtiger Antwort mit einem festen Punktsatz bewertet.

▷ Bei Schätzfragen bietet sich ein Raster an, in dem man die zu erreichenden Punkte abstuft. Genau getroffen: volle Punktzahl, bei Abweichungen nach oben oder unten innerhalb eines bestimmten Rahmens, werden die Punkte gestaffelt vergeben.

▷ Bei Ermessensfragen (Auswertung der Zeichnungen und der Geschichte) entscheidet die Jury nach einem Punkteraster:
Z.B. gibt es bei der Geschichte pro gefordertem Begriff einen Punkt, für besonders witzige Erzählweise kann es Extrapunkte geben. Ebenso bei den Bildern: Sind die markanten Kennzeichen der Kirche aufgemalt? Für besonders gut getroffene Zeichnungen gibt es Extrapunkte.

Die Ermittlung der Gewinner ist sicher spannend, aber nicht das Hauptanliegen der Rallye. Der Spaß miteinander steht eindeutig im Vordergrund.

Hallo, liebe Gemeinederallye-Teilnehmer!

Gruppe: ....
(Namen der Teilnehmer)

Bevor ihr startet, noch ein wichtiger Hinweis und drei Aktionsaufgaben für unterwegs! Wenn ihr in die Kirche geht, seid ein bisschen leiser als draußen, denn es ist das Haus Gottes und andere Menschen suchen die Ruhe zum Beten.

Aufgabe 1:
Zeichnet die Außenansicht unserer Kirche! Nehmt Stifte und Papier mit.

Aufgabe 2:
Schreibt eine Geschichte, in der die Wörter Pastor / Pfarrer N.N., Glockenturm, Messdiener, Suppenschüssel, Gruppenkerze, Aldi, Ketchup und Familientag / Pfarrfest vorkommen.
(Auf die Rückseite oder auf einen Extrazettel)

Aufgabe 3:
Messt den Umfang unserer Kirche!
Nehmt ein Metermaß / einen Zollstock mit.

Kirchenumfang: _____ Meter.

▶ Das sind eure Fragen:

1. Wie viele Betten hat das Alten- und Pflegeheim?

2. Schätzfrage: Wie hoch ist der Kirchturm?

3. Berufe raten: Macht Zwischenstation in Raum ...

Erreichte Punkte:

4. Was ist: *Eine Monstranz*
- ☐ eine Monsterbraut?
- ☐ liturgisches Gefäß für die Darbietung der Hostie zur Verehrung?
- ☐ eine besondere liturgische Feier an hohen Festtagen?

Ein Ambo
- ☐ Schriftpult zum Vorlesen der Heiligen Schrift?
- ☐ Seitenaltar?
- ☐ Priestergewand?

(weiter auf der nächsten Seite) ▶

101

Was ist: *Ein Tabernakel*

☐ die Friedenspfeife der katholischen Kirche?

☐ Tresor zum Aufbewahren der geweihten Hostien?

☐ Die Schraube an der Orgel, mit der man einstellen kann, welche Orgelpfeifen benutzt werden sollen?

5. Nennt die Nachnamen zweier Pastoren unserer Gemeinde:

6. Habt ihr eure Gruppenkarte aufgeklebt?

An welcher Stelle ist das Kirchenfenster, das eure Gruppenkarte zeigt?

7. Auf dem Altarbild unserer Kirche ist eine Frau mit rotem Umhang dargestellt.

Wo ist sie?   (Wer ist sie???)

8. Wann ist unsere Kirche erbaut worden?

(Findet ihr außen an der Kirche)

Neubau ....Altbau...........

9. Seid ihr sicher in Sachen Bibel?

Ab in den Raum ....., da könnt ihr euer Wissen unter Beweis stellen!
(Lösungsworte eintragen:)

10. Noch eine Schätzfrage: Wie viele Orgelpfeifen hat die Orgel?

11. Schaut im Schaukasten nach, welche Messdiener heute um ..... Uhr die Messe dienen.

12. Wie viele Bilder hat der Kreuzweg in unserer Kirche?

13. Wie viele Glocken / Klingeln findet ihr am Pfarrhaus und was steht drauf?

14. Welche steinerne Figur ist am Gebäude unseres Kindergartens zu sehen?

Na, alle Fragen beantwortet, alle Aufgaben gelöst?
Dann gebt den Zettel bei der Jury im Raum ..... ab.

Wir hoffen, es hat euch Spaß gemacht!

Auswertung / Gesamtpunktzahl:

Der Doppelpunkt

Der etwas andere Gottesdienst für die ganze Familie

Amey Hornung

■ Was wir tun

Diese Veranstaltung hat die ganze Familie im Blick. Kleinkinder, Schulkinder, Jugendliche und ihre Eltern feiern an einem Abend zusammen Gottesdienst. Es gibt einen gemeinsamen Gottesdienstbeginn und ein gemeinsames Ende. Den Kindern wird eine Gruppenarbeit zum Thema in der jeweiligen Altersstufe angeboten, die Jugendlichen werden bei der Musik oder als Mitarbeitende in den Kindergruppen einbezogen. Im Mittelteil des Gottesdienstes ist für die Erwachsenen eine Predigt, ein Referat oder ein Gespräch vorgesehen. Beim Gottesdienstabschluss sind die Kinder wieder dabei. Der Abschluss des Abends ist eine Besonderheit: die gemeinsame Mahlzeit und die Tombola, ein vergnügliches Losspiel, bei dem vieles geboten wird.

Seit 1995 gibt es dieses Angebot der Familienarbeit im Evangelischen Jugendwerk, Bezirk Weinsberg. Ein Jugendreferent hat diese Gottesdienstform einst begonnen. Bis heute engagiert sich ein Hauptamtlicher mit einem Team zusammen in diesem familienfreundlichen Angebot. An jedem ersten Samstag im Monat – von Oktober bis Juli – wird in das Evangelische Gemeindehaus eingeladen (s.S. 113). Die »Doppelpunkt-Gottesdienste« beginnen um 18 Uhr und dauern mit dem gemeinsamen Essen bis 20.30 Uhr.

■ Was uns wichtig ist

▷ Ein abwechslungsreiches Anspiel als Einführung ins Thema für alle. Besonders beliebt ist die freche Handpuppe »Susi«, die besonders gute Fragen stellen kann.

▷ Singen und Musizieren verbindet alle Altersgruppen. Bekannte und neue Lieder wechseln ab; die musikalische Leitung liegt bei einem Mitarbeiter.

▷ Referenten für die Zeit der Erwachsenen im Gottesdienst. Verschiedene Methoden sorgen für Abwechslung. Auf die Einbindung des Referenten ins Gesamtkonzept des Gottesdienstabends wird geachtet.

▷ Kinderangebot in vier Altersgruppen, von Mitarbeiter/-innen vorbereitet. Jugendliche helfen spontan mit. Bastel-, Spiel- und Gestaltungsangebote zum Thema des Abends.

▷ Tombola, bei der von den Familien selbst ausgesetzte Preise oder Angebote verlost werden. Wird von einigen Mitarbeitern vorbereitet.

▷ Segenslied und Segen am Schluss, bei dem alle Teilnehmerinnen und Teilnehmer in ihren Familien zusammenstehen und sich die Hand reichen.

▷ Gemeinsames Essen (es gibt ein Büfett) und das gemeinsame Gespräch.

▷ Dekoration des Raumes, entsprechend dem Thema und / oder der Jahreszeit.

▷ Werbung: Geworben wird mit Einladungskarten, auf denen die Termine einer gesamten Themenreihe aufgeführt sind (Seite 113). Außerdem erscheint für jede Veranstaltung eine Vorankündigung in der regionalen Zeitung und in den örtlichen Mitteilungsblättern.

■ Wie wir ein Thema vorbereiten

Das Team und die Besucher

Sieben Leute gehören zum festen Vorbereitungsteam; die weiteren Mitarbeiter werden für den jeweiligen Einzelabend gewonnen. Dies gewährt eine große Offenheit und Flexibilität, bedeutet aber auch viele Absprachen in der Vorbereitung.

Das Kernteam trifft sich zur Jahresplanung im Herbst. Für jeden Gottesdienst wird ein Vorbereitungsabend geplant, bei dem Absprachen getroffen und die Aufgaben verteilt werden. Mitarbeiter und Gäste sind nicht immer klar zu trennen. Wer selbst schon Gast war, ist anders dabei und hilft auch spontan. Für begrenzte Aufgaben können immer wieder neue Helfer gewonnen werden.

Umgekehrt finden sich auch Aufgaben für Jugendliche, die aus der Kindergruppe herausgewachsen sind, sich aber z.T. den Familien im Doppelpunkt noch verbunden fühlen. Sie können sich bei der Musik oder in der Kinderbetreuung einbringen und so können sie eine »Mitarbeiter-Rolle« probieren. Sie sind eine Bereicherung für diese Familienarbeit.

Jeden Monat sind neue Gäste da. Viele Familien nehmen das Angebot nur gelegentlich in Anspruch; doch ein großer Kreis fühlt sich zugehörig. So rechnen wir an einem Abend mit ca. 100 Teilnehmern.

Das Besondere des Konzepts

Immer spannend bleiben die Doppelpunkt-Abende durch die Mischung aus neuen Ideen, aber auch erprobten und bewährten Materialien zu den Themen. Hier im Einzelentwurf greifen wir Materialien aus dem Kinderkirchentag in Stuttgart auf (Seite 112-113).

Das Besondere des Doppelpunkt-Konzepts liegt in der Gesamtaktion: gemeinsamer Gottesdienstanfang, Erwachsenen- und Kinderprogramm, gemeinsamer Gottesdienstabschluss und gemeinsames Essen. Dieser »Mix« hat sich all die Jahre bewährt.

Themenreihen im Doppelpunkt

Jedes Doppelpunkt-Jahr (Oktober bis Juli) durchzieht eine Themenreihe. So sind einzelne Gottesdienst-Abende in sich abgeschlossen, stehen jedoch sichtbar und inhaltlich spürbar in einem größeren Zusammenhang.

Beispiele aus den Themenreihen vergangener Jahre:

— *Ein Kirchenjahr hat viele Farben*
— *Alles drin im Vaterunser*
— *Mit einem Koffer voller Segen – unterwegs sein*
Angeregt durch den »Segenskoffer«, der von »Andere Zeiten e.V., Initiativen zum Kirchenjahr« (Seite 112) angeboten wurde, machten auch wir im Doppelpunktteam uns bewusst, dass wir immer unterwegs sind mit einem ganzen »Koffer voller Segen«. Symbole wie Brot, Licht, Salz sollen dies zeigen und den Segen Gottes erfahrbarer machen. Jeder Doppelpunkt-Abend in dieser Reihe stand unter einem Segensthema – ausgedrückt in einem bestimmten Symbol. Jedes Segenssymbol erzählt auf seine Weise – und Bibelworte verdeutlichen dies –, dass jeder Mensch gesegnet ist und dass von jedem Men-

schen ein Segen ausgehen kann. Ein großer Reisekoffer enthielt das Segenssymbol des jeweiligen Abends für jede Familie (sowie genügend Symbole der Vorabende für neue Gäste). Die Familien wurden angeregt, einen kleinen Koffer mitzubringen, um darin die Doppelpunkt-Symbole und darüber hinaus eigene Segenssymbole zu sammeln.

Jahresplanung zum Thema »Segenskoffer«

Termine	Themen/Bibeltext	Symbole zum Mitnehmen	Prediger/ Predigerin	Küche/ Deko	Kinder- betreuung	Sonstiges
	Brot Wegzehrung; tägliches Geschenk Gottes	kleiner Brotlaib aus Salzteig				
	Engel Boten Gottes; schützende Instanz zwischen Himmel und Erde	Strohengel				
	Sehen »...Ich lasse dich nicht aus den Augen.« Psalm 32,8	kleine Kaleidoskope				
	Kreuz Zeichen der Versöhnung und Symbol unseres christlichen Glaubens	kleine Holzkreuze (gestiftet vom Schreiner-Opa)				
	Samen »Solange die Erde steht, sollen nicht mehr aufhören Saat noch Ernte.« 1 Mose/Genesis 8,22	Erdnuss-Samen mit Pflanzanleitung (ungeröstete Erdnüsse)				
	Salz »Du bist das Salz der Erde.« Matthäus 5,13	Salzsäcken für alle bemalt, beschriftet und gefüllt in einer Kindergruppe; von einer Oma genäht				
	Muschel Die Jakobsmuschel – Schutz aller Pilger auf ihrem Weg zu Gott	eine ausgewählte Muschel				
	Segen »Ich will dich segnen und du sollst ein Segen sein.« 1 Mose/Genesis 12,2	gefüllter Segenskoffer; Streichholzschachtel als Segensköfferle				

105

Verlauf

Ablauf eines Doppelpunktabends

Thema: »Ihr seid das Salz der Erde«

	Ablauf des Abends	Hinweise
ab 17.00	Aufbau und Deko: Großer Saal, Verstärker Buffettische und Teller Tee kochen (abkühlen); Tassen, Getränke und Gläser in Großen Saal	Bodenbild + Tischdeko mit Salzbrocken
17.40–17.50	Absprache und Gebet mit dem Team	1 Mitarbeiter bleibt am Eingang Essen annehmen
bis 18.00	Persönliche Begrüßung der Gäste am Eingang Kinder verteilen Nummern für die Tombola	
1.	**Lied 1:** »Kommt herbei, singt dem Herrn« (EG 601 Regionalteil Württemberg; LJ 445)	Liedfolie
2.	**Begrüßung** (allgemein; neue Gäste; Gebet)	
3.	**Liedblock** Lied 2: »Unser Leben sei ein Fest« (EG 636 Regional- teil Württemberg; LJ 616; SL 227) Lied 3: »Ihr seid das Salz der Erde« (Seite 114) Lied 4: »Gott mag Kinder« (Das Bewegungslied ist zu finden in dem Liederbuch »Du bist Herr / Kids«, Projektion J; Text und Musik: Daniel Kallauch, 1992)	Liedfolie Liedblatt Liedfolie
4.	**Anspiel** Handpuppe »Susi« bekommt es mit Salz zu tun	Improvisierte Bühne
5.	**Lied 5:** »Für jeden ein Stückchen« (Seite 115)	Liedblatt
6.	Kinder gehen in ihre **Kindergruppen** (ca. 45 Minuten) Erwachsene finden sich in großem Kreis	Mitarbeiter + Räume nennen
7.	**Infos** vorneweg	
8.	Erwachsene **Lied 6:** »Ihr seid das, ihr seid das Salz dieser Erde« (Seite 116)	Liedblatt
9.	**Referat** zum Thema: »Ihr seid das Salz der Erde«	
10.	**Opfer und Lied 7:** Wiederholung Lied 3 Salzsäckchen werden zuerst in die Mitte gelegt und später von den Kindern allen Familien gebracht.	Kinder aus ihren Gruppen holen Salzsäckchen
11.	**Tombola**	
12.	**Segenslied 8:** »Unser Vater« (Seite 117)	Liedblatt
13.	**Segen**	
ca. 19.30	Gemeinsames **Essen** und offenes Ende	Umbau Großer Saal
ca. 20.30	**Aufräumen**	

Checkliste für den Gottesdienstabend »Ihr seid das Salz der Erde«

▶ **Raumbelegung**

Wenn die Gottesdienstabende terminiert sind, werden die Räume belegt. Günstig ist ein Gemeindehaus mit großem Gemeindesaal, vier Gruppenräumen und einem Foyer für das Büfett.

▶ **Bestuhlung**

Im Großen Saal: etwa 100 Stühle, in 3–5 Reihen, halbkreisförmig mit Blick zur Bühne angeordnet, Rednerpult für den Referenten, Tisch für den Overheadprojektor, Getränketisch, zwölf Tische entlang der Wand.
Im Foyer: Tische für das Büfett.

▶ **Raumdekoration**

Eine freundlich bunte Dekoration soll signalisieren: Ihr seid willkommen und darum geht es heute. Die Tischdekoration bestimmt das ganze Raumbild mit.
Bodenbild: großes Tuch mit Salzbrocken; später noch Salzsäckchen
Tischdekoration: jeweils Tuch und Salzsteine; evtl. Blüten / Kerzen in farblichem Kontrast
Kleine Spielbühne für die Handpuppe Susi (z.B. Tisch, hochkant gestellt oder kleine Puppenbühne aufstellen).

▶ **Geräte**

Overheadprojektor, Leinwand oder freie Wandfläche, Verstärkeranlage.

▶ **Material für den Gottesdienst**

Liedblätter, Liedblattfolie, Opferkörbe, Info-Material.

▶ **Tombola**

Nummernaufkleber für alle Gäste, extra Nummernkärtchen, Preise.

▶ **Musikinstrumente**

Klavier oder Keybord, Gitarren oder Flöten.

▶ **Material für die Kindergruppen**

Bewährt hat sich ein Grundbestand an Materialien (Karton, Malpapier, Stifte, Scheren, Klebstoff; Spielteppich; kleine Gesellschaftsspiele), der vom Hauptamtlichen immer mitgebracht wird. Die restlichen Materialien besorgen die Mitarbeiter/-innen. (Siehe Bastelangebote Seite 110 f.).

▶ **Material für das gemeinsame Essen**

— Im Foyer: Tische für das Büfett von beiden Längsseiten begehbar, Teller an beiden Querseiten decken.
— Im Großen Saal: Tisch für Getränke, Gläser und Tassen, Mineralwasser und Tee; Tische entlang der Wand; dekoriert; Wagen für das benützte Geschirr, Abfalleimer.

■ Bausteine

Anspiel mit der Handpuppe Susi

Es gibt nur eine »Susi« und mit der gibt es immer was zu lachen. Eine Mitarbeiterin beseelt die Handpuppe, leiht ihr die Stimme. *(Bestelladresse Susi Seite 112)* Jedes Anspiel mit Susi ist inhaltlich gut durchdacht und wird frei gespielt. Ausgehend von einem eigenen Erlebnis, das sie aufgeregt berichtet, bezieht »Susi« Kinder und Erwachsene in ihre Überlegungen mit ein und führt so alle zum Thema hin. »Susi« könnte z.B.
— Salz und Zucker verwechseln (auch Kinder schmecken lassen),
— einen Salzbrocken aus dem Salzbergwerk zertrümmern,
— vom Urlaub am Meer oder vom Besuch im Salzbergwerk berichten,
  (Lied 2: CD »Salz kann fliegen«)
— oder sie könnte ohne / mit zu viel Salz kochen, wie heute für Freund Fritz.

(Susi hantiert mit Kochtopf und Rührlöffel in der Puppenküche. Fritz wartet ungeduldig.)

Susi: So, gleich fertig! Hast du auch schon so'n Hunger wie ich, Fritz?

Fritz: Kann man wohl sagen. Mir knurrt der Magen ...

Susi: Na also, das wäre geschafft. Hier kommt der Welt beste, selbst gekochte, super Suppe von SUPPENSUSI!!!

(Susi schöpft Fritz in den Teller, der probiert gleich und spuckt die Suppe mit Gejohle wieder aus.)

Fritz: Mann, Susi, die schmeckt ja zum K..., also irgendwie nach gar nichts. Von wegen super Suppe, da fehlt was!
  (Hier evtl. Kinder fragen – SALZ!)

Susi: Salz??? Ach so, hab ich gar nicht dran gedacht. Aber das lässt sich ja gleich beheben ...
  (Susi kippt eine Handvoll Salz in den Topf, rührt ...)

Susi: Aber jetzt, Fritzilein, wirst du staunen!
  (Fritz probiert wieder ... spuckt, hustet, röchelt ... braucht schnell ein Glas Wasser.)

Fritz: Ich glaube, das mit der SUPPENSUSI haut nicht hin.
  (Susi ist zerknirscht.)

Susi: Das ist aber schwierig mit dem Salz: zu wenig ist nichts, zu viel ist nichts, ach ...

Fritz: *(hüstelt noch)* Das ist so wie mit dir:
  Zwei Susis wären zum Verrücktwerden.
  Keine Susi wär' zum Verzweifeln.
  ... aber eine ist gerade richtig!
  (Susi ist erleichtert und gibt Fritz einen dicken Kuss.)

Susi: Wie wär's mit 'nem Pudding?

(Text: Claudia Frank)

Lieder und Gebete

Im Doppelpunkt wird viel gesungen und musiziert. Die Lieder werden an die Wand projiziert, in Ausnahmefällen werden Liedblätter verteilt. Zum Teil werden Kinder mit ihren Instrumenten oder eine Band mit einbezogen. Mindestens zwei Mitarbeiter sind nötig für eine gute musikalische Leitung und Liedbegleitung (Klavier). Ein Lied wird für die Dauer einer Themenreihe gesungen (hier in dieser Reihe das Segenslied »Unser Vater«). Die Lieder sind Gebete. Die gesprochenen Gebete sind kurz und oft frei formuliert.

▶ **Segenslied und Segen**
Das Segenslied wird für das jeweilige Thema ausgewählt.
Obwohl es gleich nach dem Segen endlich etwas zu essen gibt, entsteht durch die Aufforderung, sich beim vertrauten Lied und Segen bei den Händen zu fassen, oft eine sehr dichte Atmosphäre.

Staubwinde
Du hast das Land gemacht.
Du hast die Meere getrocknet,
damit wir leben können.
Du hast das Salz in der Tiefe der Erde verborgen,
damit wir Schätze finden können.

Salz streuen
Du gibst uns das Salz.
Du schenkst uns, dass das Essen schmeckt.
So sorgst du für uns, guter Gott.
Wir danken dir dafür.
Amen.

Sprengung im Bergwerk
Du hast uns Kraft, Idee und Verstand gegeben.
Wir können die Welt gestalten
und finden, was wir zum Leben brauchen.
Den ganzen Reichtum hast du uns anvertraut.
(Aus »Salz kann fliegen«, Seite 4)

▶ **Impuls für Erwachsene zu einer Salzpredigt** (Ulrich Kirschmann)

Eine Schale mit Salz macht zu Beginn die Runde,
jeder nimmt drei Salzkörner und probiert.

1. SALZKORN – Informatives und Alltägliches zum Salz
2. SALZKORN – Salz als Segenssymbol
3. SALZKORN – Das Wort Jesu vom Salz (Mt 5,13)

▶ Das Thema »Salz« in den Kindergruppen
Programmvorschläge für verschiedene Altersgruppen

Zu Beginn einer Themenreihe werden alle Kinderbetreuer/-innen zu einem »Workshop« eingeladen. Dabei werden Ideen zusammengetragen.
Wir streben an, dass das jeweilige Thema des Abends in den Kindergruppen aufgegriffen wird. Den zuständigen BetreuerInnen bleibt es jedoch überlassen, wie und welche Ideen sie aufgreifen. Vier Angebote sind für die verschiedenen Altersgruppen vorzubereiten.

Krabbelgruppe (0–2 Jahre)
Eine Mitarbeiterin bietet – unterstützt von Müttern – Spielmaterial und Betreuung an. Wenn Kleinkinder nicht bleiben wollen, bitten wir darum, die Eltern zu holen und nicht die weinenden Kinder bei den Erwachsenen abzuliefern. Trotzdem sind einige Kleinkinder beim Erwachsenenprogramm dabei, ohne dass das gleich als Störung empfunden wird.

Kindergartenkinder (3–6 Jahre)

▷ **Phantasiereise:** Wir gehen auf eine Salzreise.
   Material: CD und Recorder mit »Salzgeräuschen« (evtl. aus »Salz kann fliegen«, Seite 113) Salzgeräusche auf der CD »Salz kann fliegen« können verwendet werden: Möven – Wellen – Wind – Unwetter – Hupen – Förderband – Salzrieseln ...

▷ **Eine Wunderwelt für meinen Salzstein**
   (Bild mit Wachsmalkreiden)
   — *Material:* Einen Salzstein für jedes Kind, Papier und Wachsmalkreide zu Malaktion
   — *Aktion:* Jedes Kind bekommt einen eigenen kleinen Salzstein zum Bestaunen, Belecken, Beschreiben und zum Behalten. Man kann fragen, woher der Stein kommt. Ein Gespräch entsteht, vielleicht auch anknüpfend an »Susis« Erlebnisse. Ein Malthema wird gefunden zur Wunderwelt, aus der die Salzsteine kommen.

▷ **Geschmacks-Kim**
   — *Material:* 1–2 Tücher. Etwa zehn Schälchen füllen mit: Salzwasser, Apfelsaft, Wasser pur, Milch, Salz, Zucker, Puderzucker, Mehl, Kakao, Zimtpulver, Paniermehl.
   — *Aktion:* Zum Geschmackstest werden dem betreffenden Kind die Augen verbunden und es muss erraten werden, was ihm auf einem Löffel in den Mund gereicht wird oder was es selber mit dem nassen Finger aus einem Schälchen auftupft.

Grundschulkinder (6–9 Jahre)

▷ **Salzsäckchen**
   — *Material:*
   Ein Salzsäckchen für jedes Kind, aus Leinenstoff genäht (für diese Aktion wurden 70 Stück vorbereitet).
   Kartonstücke zum Verstärken der Säckchen
   Stoffmalfarben zum Beschriften und Bemalen
   Salz zum Einfüllen
   Wollfäden oder Gummiringe zum Verschließen

— *Herstellung:* Selbst genähte Salzsäckchen werden mit Stofffarben bemalt und beschriftet (ein Karton – in die Öffnung geschoben – stabilisiert und schützt die Rückseite), dann wird mit Salz gefüllt und zuletzt mit einem Gummi und einer schönen Kordel zugebunden. Zusätzliche Säckchen wurden von den Mitarbeitern bemalt; sie werden gemeinsam gefüllt, damit alle Familien ein Salzsäckchen als Symbol mit nach Hause nehmen können.

Jungscharkinder (ab 10 Jahre)

▷ **Badesalz aus Kochsalz**
— *Material:*
Glasfläschchen für 50 ml mit Schraubverschluss
Parfümöl wie Lavendel, Apfel, Orange (in Drogerien erhältlich)
Pro Kind etwa 50 g Salz
Lebensmittelfarben
Etiketten und Stifte zum Beschriften
Ein einfaches Rezept ist der Materialsammlung zum Kinderkirchentag »Wir sind das Salz in der Suppe« entnommen (Seite 112).
— *Herstellung* (Mengenangabe für fünf Kinder):
500 g grobes Salz in fünf Joghurtbecher verteilen
1,5 Esslöffel Alkohol (70 %) aufteilen
1 Teelöffel Parfümöl (z.B. Lavendel, Apfel) verteilen
Pro Becher eine Tube Lebensmittelfarbe einrühren, in Glasfläschchen abfüllen, verschiedene Farbschichten übereinander mit Alufolie, Stoff und Gummi abschließen.
Aufkleber und Stifte zum Beschriften

▶ Tombola – die besondere Aktion

Ein Teilnehmer hat schon seinen Schnurrbart verschenkt, ein anderer die überzähligen Stallhasen in andere Familien weitergegeben. Manche haben eine Familieneinladung mit Pizza, Schwarzwälder Torte oder Brot aus dem Backhaus erhalten oder gewannen körbeweise Äpfel. Auch CD's oder Bücher sind beliebte Preise.
Neben dem Ideenreichtum der Gäste, die die Preise einbringen, liegt es an der Gabe des Tombolamanagers, daraus einen Höhepunkt zu machen. Die Preisverteilung ist kurz vor dem Abschluss des Abends platziert.

So geht die Tombolavorbereitung:
— Einmal im Jahr werden Versprechen, Einladungen und Sachpreise von allen Anwesenden auf Kärtchen geschrieben.
— Alle Besucher bekommen bei Beginn jeder Veranstaltung eine Nummer angeklebt.
— Drei Nummern werden jedes Mal ausgelost. Da die Preise ausgezeichnet sind, können die Gewinner gleich auswählen.

▶ Das gemeinsame Essen

Jede Familie bringt für das Buffet mit was sie möchte und wozu sie Zeit hat: Von den Apfelschnitzen bis zu den liebevoll gestalteten Brotgesichtern – alles sollte mit der Hand zu essen sein. Mineralwasser und Tee gibt es gratis.

Wichtig für den Ablauf ist, dass das Buffet außerhalb des Gottesdienstraumes aufgebaut ist. Wir beziehen das Foyer mit ein. Die Tische dekorieren wir und stellen sie im Gottesdienstraum an der Wand entlang ab. Wenn die ersten Gäste ans Büfett gehen, stellen Mitarbeiter die Tische auf und die Stühle werden zugeordnet.

▶ Schlussgedanken

Das Doppelpunkt-Konzept hat sich bewährt. Es bietet einen festen Rahmen mit sehr flexiblen Elementen. Am Aufbau einer Veranstaltung hat sich in allen Jahren nichts geändert. Das Angebot trifft den Bedarf junger Familien nach christlicher Gemeinschaft.
Im Rahmen des Doppelpunktes werden immer wieder Sonderveranstaltungen durchgeführt. Beispiele: Kreuzweg für Familien (alle zwei Jahre), Aufführung eines Kindermusicals, eine Familien-Maiwanderung, Nikolaus- und Osterbesuch bei Kindern eines Asylantenheimes, Kindergottesdienst beim Jahresfest einer Behinderteneinrichtung.

Literatur und Materialhinweise

Material

ALS-Verlag GmbH,
Postfach 1440, 63114 Dietzenbach
Telefon 06074/82160, Fax 06074/27322
(Bietet weiße Papp-Koffer zum Bemalen an; Format 31 x 23 x 6 cm, ebenso gutes Bastelmaterial für die Kindergruppen)

Andere Zeiten e.V., Initiativen zum Kirchenjahr
Feldbrunnenstraße 29, 20148 Hamburg
Telefon 040/413224-43, Fax 040/413224-42

Bezugsquelle für die Handpuppe »Susi«
Keule, Theater- und Artistikbedarf
Bahnhofstraße 33, 74076 Heilbronn
Telefon 07131/89600

Gottfried Mohr und Andreas Weidle (Hrsg.), Kinderkirchentag »Wir sind das Salz in der Suppe«, Verlag »Der Jugendfreund«, Leinfelden-Echterdingen 1999
(Eine Materialsammlung mit vielen Anregungen, Texten, Bastelvorschlägen, Liedern, Spielen, Bewegungsanimationen, Kopiervorlagen ...)

»Der Steigbügel«, Nr. 203/1984; Arbeitshilfe für Gruppenabende und Freizeitgestaltung, Buch & Musik, Buchhandlung und Verlag des ejw, Haeberlinstraße 1–3, 70563 Stuttgart
(Gute Gedanken gegen die »Geschmacklosigkeit der Welt« von Oskar Beuttler, Maichingen) ▶

Familientreff im Johanniterhaus in Affaltrach	TERMINE
	05.10.2002
Zeit um miteinander Spaß zu haben,	02.11.2002
einen fröhlichen Familiengottesdienst zu feiern,	07.12.2002
miteinander zu reden und gemeinsam zu essen.	01.02.2003
Treffpunkt für **jedermann** **jederfrau**	15.03.2003
jederkind	
Für das anschließende	19.04.2003
gemeinsame Essen bitte etwas mitbringen, das man aus der Hand essen kann. Danke!	03.05.2003
Beginn 18.00 Uhr - offenes Ende	14.06.2003
	So. 06.07.2003 Doppelpunktfest

Veranstalter: Erwachsene & Familien im ejw Weinsberg
Fon 07130/6845 · Fax 07130/453012

Beispiel einer Einladung zu den »Doppelpunkt-Familiengottesdiensten« im Evangelischen Jugendwerk, Weinsberg. Einladungskarte, Vorder- und Rückseite bedruckt, auf farbigem Karton.

Liederbücher

Liederheft »Salz kann fliegen«, Verlag »Der Jugendfreund«, Leinfelden-Echterdingen 1999

»Gottesklang – das kleine Liederbuch«, Kirchentag Stuttgart 1999, Regionalbüro der Evang. Landeskirche in Württemberg, Kreuz Verlag, Stuttgart

Tim Thomas (Hrsg.), »Du bist Herr / Kids«, Projektion J, Buch- und Musikverlag GmbH, Wiesbaden 1996

Michael Schütz, »Gott gibt ein Fest«, Pop-Arrangements zum Evangelischen Gesangbuch für Musikgruppen in beliebiger Besetzung, Strube Edition 314
(gute Sätze; auch schon für musikalische Kinder)

CD-Tipp

»Salz kann fliegen, Salzige Lieder für Leute, die was bewirken wollen«,
Verlag »Der Jugendfreund«, Leinfelden-Echterdingen 1999

Ihr seid das Salz der Erde

Ihr seid das Salz der Er - de. Durch eu - re Hän - de
wer - de, was Salz der Er - de wirkt. Der Him - mel lacht im
Stil - len und schenkt euch Kraft und Wil - len für je - den neu - en
Tag, für je - den neu - en Tag.

2. Ihr seid das Salz der Erde.
Durch eure Hände werde,
was Salz der Erde wirkt.
Der Himmel wird euch geben
Barmherzigkeit im Leben
und was dazu noch fehlt.

3. Ihr seid das Salz der Erde.
Durch eure Hände werde,
was Salz der Erde wirkt.
Der Himmel füllt mit Segen,
was eure Hände pflegen,
mit Lieb und mit Mut.

4. Ihr seid das Salz der Erde.
Durch eure Hände werde,
was Salz der Erde wirkt.
Der Himmel schenkt Vertrauen
und darauf kannst du bauen!
Nun geht in diese Welt.

Text und Melodie: Thomas Knodel
Rechte beim Autor

Für jeden ein Stückchen

Refrain G | D · C | D | G Em

Für je - den ein Stück - chen, ist es noch so klein. Ganz we - nig kann rei - chen,

Am⁷ | D⁷ C | Hm | Em A D

groß muss es nicht sein! Mit ganz klei - nen Din - gen kann viel___ schon ge - lin - gen. Wir

C D | G C | G Am D | G *Fine*

sal - zen die Welt mit - ein - an - der ein, wol - len Salz für die Er - de sein. 1. Ein
2. Ein

G | C G | Em

win - zi - ger Fun - ke ein Feu - er ent - facht, das leuch - tet und strahlt in das
win - zi - ges Lä - cheln für den, der grad weint, kann hel - fen, dass bald ihm die

Am D | G Am | D G

Dun - kel der Nacht. Viel - leicht zeigt's den Weg aus Ver - ir - rung her - aus und
Son - ne neu scheint, die dun - kels - te Wol - ke sich ganz schnell ver - zieht und

Am | C D⁷ *Bridge* C

führt uns dann si - cher und glück - lich nach Haus. Schaut es an, die - ses
er end - lich wie - der den Aus - weg selbst sieht.

Em D⁷ | G Am D

Wun - der, fun - kelt wie ein Kris - tall!___ Ganz strah - lend und rein, und

G Em | C G Am D⁷

ist es auch klein: dir ge - schenkt, kann's ein Zei - chen der Hoff - nung sein!___

Text und Meleodie: Harald Beck. Rechte beim Autor

115

Ihr seid das, ihr seid das Salz dieser Erde

Ihr seid das, ihr seid das Salz die - ser Er - de,
Wir sind das, wir sind das Salz die - ser Er - de,

ihr seid das, ihr seid das Salz die - ser Welt.
wir sind das, wir sind das Salz die - ser Welt.

Salz in ei - ner Wun - de brennt, tut ganz schön weh,

und es dau - ert Stun - den, eh' der Schmerz ver - geht.

Wun - de Punk - te heu - te, hier in uns - rer Welt,

gibt es, lie - be Leu - te, mehr, als uns ge - fällt.

2. Menschen ohne Arbeit fühlen sich oft leer,
haben an der »Freizeit« keine Freude mehr.
Wie auf Abstellgleisen lässt man sie allein
und lässt sie verwaisen, da muss Salz hinein.
Refrain

3. Menschen ohne Heimat kennen sich nicht aus,
suchen hier bei uns Rat und auch ein Zuhaus.
Doch wir lassen keinen mehr zu uns herein,
gleichen harten Steinen, da muss Salz hinein.
Refrain

4. Schau, wir konsumieren, schmeißen alles weg,
und wir produzieren Dreck und nochmals Dreck.
Schon das Wort »entsorgen« spricht uns scheinbar frei,
doch wer denkt an morgen? Da muss Salz hinein.
Refrain

5. Jesus will uns wecken, sitzt uns im Genick,
will, dass wir anecken und schärft uns den Blick,
legt in offne Fragen seinen Finger rein,
will, dass wir es wagen, endlich Salz zu sein.
Refrain

Text und Musik: Clemens Bittlinger 1998, © beim Urheber

Unser Vater

1. Bist zu uns wie ein Va - ter, der sein
2. (Dei - ne) Herr - schaft soll kom - men, das, was
3. (Gib uns) das, was wir brau - chen, gib uns
4. (Leh - re) uns zu ver - ge - ben, so wie
5. (Nimm Ge–) dan - ken des Zwei - fels und der
6. (Dei - ne) Macht hat kein En - de, wir ver -

Kind nie ver - gisst. Der trotz all sei - ner
du willst, ge - schehn. Auf der Er - de, im
heut un - ser Brot. Und ver - gib uns den
du uns ver - gibst. Lass uns treu zu dir
An - fech - tung fort. Mach uns frei von dem
trau - en dar - auf. Bist ein herr - li - cher

1. + 3. u. 5. + 6. — folgt Refrain

Grö - ße im - mer an - sprech - bar ist.
Him - mel sol - len al - le es
Auf - stand ge - gen dich und dein Ge - bot.
ste - hen, so wie du im - mer
Bö - sen durch dein mäch - ti - ges Wort.
Herr - scher, und dein Reich hört nie auf.

2. + 4.

Refrain

(2.) sehn. 3. Gib uns Va - ter, un - ser Va -
(4.) liebst. 5. Nimm Ge–

ter, al - le Eh - re dei - nem Na - men!

Va - - ter, un - ser Va - ter, bis ans En - de der

Fine

Zei - ten. A - - men!

2. Dei - ne
4. Leh - re
6. Dei - ne

D.S.

Text: Christoph Zehender, nach Matthäus 6, 9–13; Musik und Satz: Hans-Werner Scharnowski
Rechte: 1994 Felsenfest Musikverlag, Wesel

117

Materialien zur Gemeindearbeit – *bisher erschienen:*

»Materialien zur Gemeindearbeit« ist eine ökumenische Buchreihe für die Arbeit mit Kindern.

Bildhaft-praktische Modelle und kreative Ideen für

- Kindergottesdienste
- Familiengottesdienste
- Schulgottesdienste
- Kinderbibeltage
- Familiennachmittage
- Arbeit mit Kindergruppen

Alma Grüßhaber
Komm in Gottes Schöpfungsgarten

Gottesdienste zum Schauen und Staunen für Kinder ab 2 Jahren

128 Seiten, kartoniert, DIN A 4
€ 13,90 – Abo-Preis € 12,90

ISBN 3-7797-0377-7 (VJG)
ISBN 3-460-25001-1 (kbw)

Alma Grüßhaber
Feiern, freuen, fröhlich sein

Kleinkindergottesdienste im Kirchenjahr

128 Seiten, kartoniert, DIN A 4
€ 13,90 – Abo-Preis € 12,90

ISBN 3-7797-0391-2 (VJG)
ISBN 3-460-25003-8 (kbw)

Ute Bögel
Auf die Punkte, fertig, los!

40 pfiffige Spielideen für Kindergruppen und Kindergottesdienst

80 Seiten, kartoniert, DIN A 4
€ 13,90 – Abo-Preis € 12,90

ISBN 3-7797-0387-4 (VJG)
ISBN 3-460-25002-X (kbw)

Verlag Junge Gemeinde
Verlag Katholisches Bibelwerk